Collection

Ressources Humaines

dirigée par

Anne-Véronique Herter

Agressivité : préservez votre équipe ! par David Gentilhomme (2024)

Apprenez à gérer le changement ! par Anne-Véronique Herter (2023)

Prenez soin de vous et des autres au travail ! par Anne-Véronique Herter (2023)

Osez le courage managérial ! par Anne-Véronique Herter (2022)

Osez le télétravail !

Du même auteur

Idées reçues sur le suicide, avec Michel Debout, Le Cavalier bleu, 2024.
Risques psychosociaux : pourquoi les cabinets d'avocats et leurs personnels sont-ils exposés ?, Kérialis, 2021.
Suicide un cri silencieux : mieux comprendre pour mieux prévenir, avec Michel Debout, Le Cavalier bleu, 2020.
Idées reçues sur le burn-out, avec Agnès Martineau, Bernard Morat, Le Cavalier bleu, 2017.

9, rue de l'École-Polytechnique – 75005 Paris
www.fauves-editions.fr
ISBN : 979-10-302-0506-0

Jean-Claude Delgènes

Osez le télétravail !

*

Comment mettre en place
un télétravail « responsable » ?

Sommaire

Avant-propos – L'engouement pour le télétravail est-il lié à une dégradation des conditions de travail ? 13

Introduction 23

Partie I – Quelles sont les bonnes pratiques pour piloter le télétravail et l'installer dans la durée ? 35

1. Comment assurer un bon management et un leadership efficace à distance ? 37

Favoriser les qualités humaines : empathie, générosité, bonté, bienveillance, confiance 37

Repenser nos modes de gouvernance pour une approche plus participative et horizontale 44

2. Comment communiquer au mieux et diffuser les meilleures pratiques pour vos réunions virtuelles ? 51

Flexibilité : reconnaître et respecter les préférences individuelles en matière de communication 51

Mise en place de systèmes d'accès aux infos à la portée de tous 52

Une communication régulière : utilisation des outils en ligne et feedbacks 52

Maintenir les réunions en présentiel 54

De l'importance des feedbacks 55

3. Comment tenir compte des inégalités devant le télétravail ? 59

L'importance de la communication non verbale 59

Adapter sa communication 61

Se former aux spécificités du travail à distance 64

Anticiper les charges de travail 65

4. Comment répondre aux attentes de ceux qui ne peuvent pas télétravailler ? 67

Expliquer clairement les raisons 68

Valoriser leur travail 68

Explorer d'autres possibilités de compensation 68

Encourager la collaboration entre télétravailleurs et salariés sur site 69

Maintenir le dialogue social 69

II – Quelles sont les conséquences du télétravail sur votre organisation ? 71
1. De l'isolement à la solitude : savoir les identifier 73
Vous avez dit « dé-sociabilisation » ? 74
Quand le virtuel amplifie la solitude 75
La dysrythmie sociale 76
La solitude à tous les âges 77
De l'importance des interactions sociales 78
1. Les pièges de la charge mentale : quels sont les risques à identifier ? 81
Le travail compulsif 82
Quand l'investissement personnel devient nocif 83
Réduction d'effectifs et optimisation de la productivité 83
2. Comment gérer votre charge de travail ? 85
Reconnaître et prévenir les risques de précarisation 85
Une réglementation appropriée et les moyens de contrôle 88
Renforcer le dialogue social 89
3. Comment préserver la créativité ? 91
Maintenir les réunions informelles en ligne et sessions brainstorming 93
Promouvoir une culture d'ouverture et d'échange d'idées 94
4. Comment gérer efficacement les outils et les technologies au service du télétravail ? 97
Une utilisation strictement professionnelle des outils à disposition 98
Des consignes de sécurité claires 99
Formation à la vigilance technique 100

III – Comment maintenir une bonne santé en télétravail ? 105
1. Comment optimiser vos conditions de télétravail ? 107
Ergonomie et équipement 107
Gestion du temps 109
Formation 111
Exercice physique 111
De l'usage des écrans 112
Prévenir l'accident de travail 114
Suivi médical obligatoire 115
2. Comment prendre en compte les effets de la sédentarité en télétravail ? 117

Encourager les pauses actives 120
Une culture de la santé en entreprise 121
Favoriser l'activité physique lors des déplacements 121
Investir dans le design actif 122
Des compensations financières 123
3. Les risques psychologiques du télétravailleur sont-ils bien réels ? 125
Réguler la charge de travail transmise 125
L'égalité femmes/hommes en matière de télétravail est-elle suffisamment prise en compte ? 126
La question des violences conjugales 132

IV – Pour un télétravail responsable 135
1. La mise en place de la semaine de 4 jours est-elle une réponse au télétravail ? 137
2. Comment gérer le télétravail pour éviter qu'il ne soit un facteur défavorable à l'intelligence collective ? 143

Conclusion 151
Remerciements 155

À ma mère, Michelle et mes sœurs Raymonde,
Josette et Anne-Marie qui ont toujours cru en moi et
m'ont encouragé à poursuivre mes rêves.
À mes enfants Eva et Hugo pour leur tolérance et
leur patience infinie à mon égard.
À celle qui, en dépit de l'éloignement,
a été source d'inspiration.
À mes lecteurs, qui donnent un sens à
mes mots et inspirent ma plume.

Avant-propos

L'engouement pour le télétravail est-il lié à une dégradation des conditions de travail ?

En mars 2022, la QVT (qualité de vie au travail) a été avantageusement remplacée dans le Code du travail par la « qualité de vie et des conditions de travail » (QVCT). Une petite lettre en plus, un grand C ajouté, pour combler un oubli criant. Des mots qui manquent ou qui apparaissent, mais qui cachent mal les maux de la société française, malade de ses conditions de travail.

Pour analyser l'engouement pour la pratique du télétravail, notamment chez les générations les plus jeunes, un état des lieux s'impose, car malgré ces ripolinages sémantiques, « le **travail va mal » et il protège de moins en moins la santé des actifs** – santé que l'OMS définit dans le préambule de sa Constitution (1948) comme « un état complet de bien-être physique, mental et social... qui ne consiste pas seulement en une absence de maladie ou d'infirmité ».

En cause, ces maudits « risques psychosociaux » (RPS) qui se sont invités de manière permanente dans la vie professionnelle depuis une vingtaine d'années. Selon l'INSEE, si la pénibilité physique s'est amoindrie au cours des dernières décennies, la santé des actifs se trouve désormais altérée par la montée des risques psychosociaux : dépressions, burn-out, accidents cardiovasculaires sur le lieu de travail, crises suicidaires[1] avec imputation professionnelle, violences en raison de harcèlement moral ou sexuel ainsi que d'autres formes de sexisme ou de discriminations. Les manifestations de ces dérèglements sont nombreuses et il apparaît urgent, tant pour les salariés et leurs représentants que pour les employeurs, de développer

---

1. Voir l'essai *Idées reçues sur le suicide*. Février 2024. Édition du Cavalier bleu. Jean-Claude DELGENES, économiste, expert en organisation du travail, et Michel DEBOUT, professeur de médecine, psychiatre.

les ressources psychosociales et matérielles pour s'opposer à ces RPS.
C'est dans ce contexte qu'il convient de situer l'émergence du télétravail dans notre pays, afin de comprendre l'engouement des salariés et de leurs représentants pour cette forme alternative de travail réservée jusqu'alors à une infime minorité de cadres du secteur privé comme de la fonction publique d'État.
Cet engouement a été partagé en partie par les employeurs et les dirigeants qui, avec surprise, ont découvert que cette alternative permettait d'assurer une continuité économique menacée par l'instauration du confinement.

Cette convergence a permis le développement de nombreux accords collectifs sur le télétravail[2]. En 2017, la DARES dénombrait 390 accords sur le télétravail et la signature de 4 070 accords pour l'année 2021. Cette multiplication des accords démontre à la fois la vivacité du dialogue social et l'intensité de cette pratique depuis la crise sanitaire et la mise en œuvre de l'accord national interprofessionnel (ANI) du 26 novembre 2020.

2. Voir l'étude de novembre 2022 de la direction de l'animation de la recherche et des études et des statistiques (DARES).

Cet accord, signé par un grand nombre de partenaires sociaux à part la CGT[3], a donné le cadre de déploiement du télétravail en s'appuyant sur les bases juridiques préexistantes. L'accord a structuré les points suivants:

– l'intégration du télétravail dans le fonctionnement de l'entreprise: cohésion sociale interne, attractivité;

– les modalités de sa mise en place: fondements juridiques à respecter, thème de dialogue avec les salariés et/ou leurs représentants, conditions d'accès;

– son organisation: maintien du lien de subordination, contrôle du temps de travail, droit à la déconnexion, frais professionnels, outils numériques, accident du travail;

– l'accompagnement des collaborateurs et des managers: formation, situation particulière, égalité entre les femmes et les hommes;

– la préservation de la relation de travail avec le salarié: lien social, prévention de l'isolement;

– la continuité du dialogue social de proximité: droit syndical, représentation du personnel;

– et, enfin, sa mise en œuvre en cas de circonstances exceptionnelles ou de force majeure.

3. Voir la publication « Télétravail, un nouveau rapport au travail publié » sur le site la vie publique le 15 mars 2024.

Avant de descendre dans une fine granulométrie proche du terrain pour aborder et traiter les pratiques et enjeux qui s'attachent au télétravail, regardons au préalable les situations de travail. Soyons clairs : rien n'est gravé dans le marbre et les évolutions indispensables pour assurer une amélioration des conditions de travail et une prévention véritable des risques sont possibles. Je pense d'ailleurs qu'elles vont s'imposer, y compris grâce au télétravail car le balancier est allé beaucoup trop loin dans le laisser-faire qui débouche sur le renoncement à un travail sain. Cette reprise en main en faveur de la prévention suppose une exigence stratégique, en particulier de la part des dirigeants du top management et en premier lieu, le rejet du déni actuel de la réalité. Une question se pose au préalable : **pourquoi faut-il donc que les dirigeants intègrent dans leur gouvernance l'amélioration des conditions de travail ?** C'est une question essentielle qui appelle plusieurs réponses.

En premier lieu, tout simplement parce que le temps ne fait rien à l'affaire et **ces conditions ne s'arrangeront pas** d'elles-mêmes. Seconde raison, **la prévention des risques à la source s'avère de très loin préférable,** sur le plan financier à la curation des situations sinistrées. Cette remarque ne signifie pas que les dirigeants n'ont pas de cœur, mais simplement **qu'ils doivent « mettre l'humain au cœur de leurs décisions** ». Troisième raison, ce qui était tolérable autrefois ne l'est plus aujourd'hui. En novembre 2022, la société Téléperformance membre du Cac 40 l'a appris à ses dépens : à la suite d'un audit social, elle a subi l'effondrement d'un tiers de son cours de Bourse en raison des conditions de travail infligées à ses salariés en Colombie. Les investisseurs rejettent désormais les scénarios à la « Orpéa » qui vient de perdre son indépendance en raison du plan de secours déployé pour la sauver par la Caisse des Dépôts à la suite de la maltraitance des humains, les patients mais aussi les employés. Enfin, ce modèle parait à bout de souffle car sur un autre plan, depuis quinze ans, les démissions de salariés en CDI n'ont jamais été aussi importantes : plus de 470 000 démissions survenues le dernier trimestre de 2022, 2 500 000 en pleine année. Dans les univers toxiques où l'engagement perd tout sens, les salariés qui le peuvent enjambent leurs peurs pour se repositionner à l'extérieur afin de se préserver. Le télétravail est aussi une fuite salutaire. Les difficultés de recrutement, les flambées d'absentéisme sont ainsi l'illustration de ce relâchement dans la prévention des risques.

Tous ces stigmates expliquent que le télétravail soit aussi vécu comme une mise en retrait.
En avril 2020, avec Marc Chenais, directeur général de Technologia et Françoise Maréchal, avocate et **présidente** de Technologia Juris, nous avions lancé une étude intéressante pour mesurer l'impact sur les conditions de travail de la mise en œuvre du confinement et du télétravail massif[4]. Cette étude a révélé que bon nombre de salariés avaient apprécié l'éloignement de leur lieu de travail, où les relations étaient parfois jugées délétères, voire harcelantes. En ce sens, le télétravail avait apaisé les tensions au moins pour un temps.

Plusieurs études ont établi de manière convergente que l'activité professionnelle peut grandement éroder la santé des travailleurs, particulièrement lorsque le travail est subi et que la capacité d'agir fait défaut. Au cours des vingt dernières années, l'exposition des actifs à un stress chronique a progressé de manière significative. La pression s'est largement accrue. Elle est relayée par la « laisse numérique » qui prolonge l'activité bien au-delà de la sphère profession-

4. Étude publiée le 14 mai 2020, Cabinet Technologia, magazine *Challenges*, France Info et France 2.

nelle et du temps de travail. La toute-puissance du travail s'exprime et tend à grignoter tous les autres espaces et temps de vie.

Mais revenons à l'état des lieux global pour comprendre cet attachement au télétravail. En l'absence d'une prévention active à la source, la nocivité des conditions de travail s'avère particulièrement élevée en France. Le stress, en tant que mécanisme d'adaptation naturel par un cheminement de réactions physiques, biologiques et émotionnelles, mobilise l'énergie afin de satisfaire aux obligations du travail. Les personnes développent d'autant plus de stress que les conditions réunies pour l'activité sont détériorées.
La dernière enquête européenne, Eurofound[5] classe l'Hexagone en queue de peloton parmi les trente-six pays étudiés. Ainsi, presque 40 % des actifs se trouvent dans un « emploi tendu » où les exigences sont plus élevées que les ressources mobilisées pour y répondre. La France, dans ce classement harmonisé, se situe au niveau de l'Albanie.

5. Enquête réalisée en novembre 2021. Depuis 1990, cette enquête évalue et quantifie les conditions de travail des salariés en Europe sur une base harmonisée ce qui favorise des comparaisons intéressantes.

Cette étude a confirmé une tendance négative mise en évidence dans une précédente analyse en 2017 réalisée par le Centre d'étude de l'Emploi et du Travail, qui montrait que l'Hexagone était dans le trio de tête des pays européens ayant connu la plus forte dégradation des conditions de travail au cours des quinze dernières années. Pour finir, la mise en place des ordonnances sur le travail en septembre 2017 a conduit d'une part à une réduction d'un tiers du nombre de représentants du personnel et à une forte complexification de leur activité, particulièrement en matière de prévention.

Ces conditions dégradées expliquent en grande partie la forte sinistralité et la mortalité professionnelle dans notre pays. En 2019, la France a connu 655 565 accidents du travail, dont 733 mortels, auxquels il convient d'ajouter 283 décès survenus lors des trajets domicile-travail et 248 dus à des maladies professionnelles, soit un total de 1 264 décès liés au travail. Ce pic morbide, survenu juste avant la pandémie du Covid, a alarmé les pouvoirs publics, d'autant plus que ces statistiques nous mettaient encore en décalage avec les principaux pays européens. Bien que la sinistralité et la mortalité aient légèrement baissé en 2021 et 2022, cet infléchissement bienvenu doit être sensiblement renforcé par une action ambitieuse et de long terme, à impulser par les dirigeants. Action demandée depuis fort longtemps par les syndicats.

Rappelons, comme déjà évoqué, qu'en vertu de la loi du 31 décembre 1991, **les employeurs ont l'obligation de garantir la santé et la sécurité des personnes en lien de subordination.** Par conséquent, ils doivent mobiliser des moyens renforcés pour préserver la santé des salariés. Pourtant, ces droits formels en faveur de la prévention et de la protection ne sont pas devenus des droits réels. Nous y reviendrons.

Introduction

Imaginez un monde où chaque matin, au lieu de vous précipiter dans le chaos des embouteillages ou la moiteur du métro, vous pouvez savourer votre café tranquillement tout en travaillant depuis le confort de votre foyer. Imaginez cette situation où vous jonglez entre vos responsabilités professionnelles et personnelles sans trop de contraintes, avec une flexibilité efficiente pour organiser votre journée selon vos besoins. Bienvenue dans l'ère du télétravail, une révolution dans le monde du travail moderne !

Depuis mars 2020, le télétravail a fait irruption par effraction dans nos existences. Si l'adaptation a été dure pour un grand nombre de salariés qui n'avaient jamais télétravaillé auparavant, on est en droit de considérer que cette transition douloureuse s'est avérée très bénéfique. Tout d'abord, en les initiant dans le tumulte et la confusion, elle a offert à près de 6 millions de salariés d'acquérir une maturité numérique équivalente à une décennie. Ensuite, cette transition contrainte a assuré le maintien des échanges et la création de nouvelles valeurs dans une période où la ruine économique et l'angoisse pandémique menaçaient. Enfin, cette mutation des modalités de travail a convaincu une grande partie des employeurs sur les potentialités qu'offraient désormais les nouvelles technologies de communication.

La pandémie a véritablement bouleversé notre manière de travailler, propulsant le télétravail à plein temps au premier plan pour de nombreuses entreprises. Si cette transition a assuré la continuité des activités dans un contexte de distanciation sociale, elle a aussi soulevé des défis et des inconvénients notables. Se pose alors la question essentielle: ces inconvénients sont-ils inhérents à la nature du télétravail ou résultent-ils d'une utilisation excessive de cette pratique? Avant, pendant et après la pandémie, le télétravail a évolué, révélant la diversité des profils de salariés et de leurs attentes. L'étude[6] réalisée par Technologia a mis en lumière cette diversité, dévoilant même des abus de certains employeurs dans l'usage du chômage partiel. Des salariés ont ainsi déclaré travailler à temps partiel alors que leurs employeurs les avaient placés en arrêt total pour bénéficier des aides de l'État.

En réalité, le télétravail n'est pas vécu de la même manière par tous les salariés. Certains semblent plus investis que d'autres, soulevant des interrogations sur les attentes et les engagements vis-à-vis de cette pratique.

En résumé, le télétravail sur une ou deux journées peut réserver des surprises agréables en offrant de nombreux avantages tout en minimisant les inconvénients. Toutefois, le télétravail à plein temps, souvent appelé “full remote”, peut révéler ses limites et ses défis. Cette expérience sociale du printemps 2020 nous a appris qu'il est essentiel de peaufiner les modalités de mise en place du télétravail, tout en restant vigilants face aux dérives potentielles. Son maintien dépendra de sa capacité à bénéficier à la fois aux salariés et aux entreprises.

---

6. Voir note 9 pour rappel de l'étude réalisée par Technologia en partenariat avec France Info, France 2 et le magazine *Challenges* en mai 2020. 2 600 personnes ayant répondu au questionnaire et cinquante entretiens réalisés.

Examinons rapidement les pièges associés au télétravail à plein temps pour mieux comprendre les débats qui l'entourent. Nombre d'idées préconçues sur le télétravail remontent à cette période et ont tendance à dénigrer cette pratique. Nous allons passer en revue les principales critiques qui ont émergé afin de les aborder plus en détail par la suite en y apportant réponse mais en faisant la part des choses. Comme disent les Slaves: « Ne jetons pas le bébé avec l'eau du bain. »
Tout d'abord, l'un des principaux inconvénients du télétravail à temps plein a été la **perte de connexion humaine et sociale**. Les interactions en face à face sont essentielles pour établir des relations solides, durables, encourager la collaboration et renforcer le sentiment d'appartenance à l'équipe. En travaillant à distance sur une longue période, de nombreux employés ont ressenti un isolement accru, entraînant une baisse de l'engagement au travail et une augmentation du sentiment de solitude. Les moments informels autour de la machine à café ou pendant les pauses déjeuner ont disparu, laissant un vide social difficile à combler virtuellement.
Ensuite, le télétravail à plein temps a exacerbé les défis liés à l'équilibre entre vie professionnelle et

vie personnelle. Le fait que le domicile devienne également le lieu de travail a brouillé les frontières entre ces deux aspects de la vie, rendant **difficile la séparation des responsabilités professionnelles et familiales**. De nombreux employés ont dû faire face à des exigences croissantes en matière de disponibilité et de flexibilité, ce qui a entraîné un stress accru et des tensions dans leur vie quotidienne.

De plus, le passage au télétravail généralisé a eu un **impact sur la cohésion des groupes, la collaboration et la créativité** au sein des équipes. Les échanges informels et les interactions spontanées, souvent propices à l'innovation et à la résolution de problèmes, ont été considérablement réduits en travaillant à distance. Les réunions virtuelles ont manqué souvent de spontanéité et d'interactivité par rapport aux interactions en personne, ce qui a pu entraver la qualité des échanges et des idées.

Par ailleurs, la sécurité des données est devenue une préoccupation majeure avec le télétravail généralisé. En travaillant à distance, les employés ont souvent dû accéder aux systèmes de l'entreprise à partir de réseaux domestiques potentiellement non sécurisés, ce qui a augmenté le **risque de cyberattaques et de violations de la**

confidentialité des données. Les entreprises ont dû mettre en place des mesures de sécurité supplémentaires pour protéger leurs informations sensibles et prévenir les menaces en ligne.
Enfin, le télétravail à plein temps a également mis en lumière des **disparités d'accès aux ressources et aux opportunités entre les employés**. Certaines personnes ont bénéficié d'un environnement de travail domestique propice, avec un accès à la technologie et à l'espace nécessaire pour être productives, tandis que d'autres ont été confrontées à des défis logistiques et financiers, accroissant les inégalités au sein des organisations.
Parfois, le huis clos domestique a favorisé l'enclenchement de violences conjugales qui ont été en nette progression.

Le télétravail à plein temps était une solution nécessaire pendant la pandémie, il a permis sans aucun doute d'éviter un plus profond recul de l'activité soutenue par ailleurs par la politique du « quoi qu'il en coûte ». Il a permis de rattraper le retard et de capitaliser une maturation numérique importante pour des millions d'actifs mais a aussi révélé une série de défis et d'inconvénients importants dont il faut tenir compte pour piloter et installer le télétravail sur le long terme.

Un environnement de travail hybride sur le long terme impose de trouver un équilibre entre les avantages de la flexibilité offerts par le télétravail et les besoins humains fondamentaux de connexion, d'équilibre et de collaboration. Les entreprises et leurs salariés doivent être attentifs à ces défis et mettre en place des stratégies pour ne laisser personne sur le bas-côté.

La transition vers le télétravail intégral soulève des questions sur son impact, notamment sur la productivité et la transmission des connaissances au sein des organisations. Une étude menée par l'Université de Californie (UCLA) et le Massachusetts Institute of Technology (MIT) a mis en lumière un aspect préoccupant: une baisse de productivité de l'ordre de 18 % chez les salariés travaillant à temps plein depuis chez eux. Même si cette étude n'a concerné que des salariés nouvellement embauchés, elle a démontré que les pertes de connexion jouaient énormément dans la création de la valeur ajoutée collective. Cette perte de rendement est souvent attribuée à la diminution des interactions sociales et professionnelles, qui sont essentielles pour maintenir l'engagement et la collaboration au sein des équipes.

La transmission des connaissances sur le terrain entre les salariés revêt une importance capitale dans le contexte des organisations auto-apprenantes. Contrairement aux formations formelles, les véritables pédagogues[7] savent que ces connaissances sont souvent acquises de manière informelle, à travers des échanges entre collègues et des processus collaboratifs. Les interactions quotidiennes, les discussions spontanées et les échanges sur le terrain sont des moments privilégiés où les employés apprennent les uns des autres. En observant les pratiques des collègues plus expérimentés, en posant des questions et en bénéficiant de leurs retours d'expérience, les salariés intègrent toutes les ficelles du métier et développent leurs compétences[8].

Les organisations auto-apprenantes encouragent activement la création de ces communautés de pratiques, où les employés partagent leurs connaissances, leurs compétences. Ces communautés, qu'elles prennent la forme de réunions régulières, de forums ou de sessions de mentorat informel, favorisent un apprentissage collabora-

7. Voir Apprendre dans l'entreprise, PUF, 2014; chapitre 3 « De l'organisation apprenante au knowledge management ».

8. Voir Gérard Bardier, cofondateur-rédacteur chez la Gazette de Sceaux; Mine ParisTech.

tif et continu au sein de l'entreprise[9]. De plus, la documentation des processus et des bonnes pratiques est fortement encouragée, permettant ainsi de faciliter le partage des connaissances et d'assurer leur pérennité au fil du temps. En bref, ces pratiques favorisent une acquisition continue de connaissances et de compétences, qui sont essentielles pour s'adapter aux évolutions du marché et stimuler l'innovation au sein des entreprises. Ainsi, bien que le télétravail puisse offrir une flexibilité accrue, il est important de reconnaître et de compenser les effets négatifs qu'il pose en matière de productivité et de transmission des connaissances, le rôle des managers en cela est essentiel.

*

Dans ce livre, nous plongerons ensemble dans les eaux profondes du télétravail, explorant ses multiples facettes. Bien plus qu'une simple tendance, c'est une véritable évolution de nos modes de travail.

9. Voir : Études et documents de l'ANACT, « Organisation d'une démarche pour construire une organisation apprenante », Patrick Conjard (Anact) et Bernard Devin (Aract Pays de la Loire). Ces travaux de formation s'appuient sur les recherches sur ce sujet passionnant de Philippe Zarifian.

Nous allons détailler les **avantages du télétravail**, et découvrir comment cette pratique peut transformer votre vie professionnelle en vous offrant une **liberté** sans précédent pour organiser votre temps, **réduire le stress** lié aux déplacements et **améliorer votre bien-être général**. Le télétravail offre une souplesse inégalée, permettant aux individus de jongler entre leurs responsabilités familiales, leurs loisirs et leurs ambitions professionnelles avec une facilité déconcertante.

Mais soyons honnêtes : le télétravail n'est pas sans défis. Nous devons également aborder les **pièges potentiels, les risques pour la santé** mentale et les difficultés de communication qui peuvent surgir lorsque l'équipe est dispersée. Ce livre vous guidera à travers ces eaux troubles, vous offrant des conseils pratiques pour surmonter les obstacles et tirer le meilleur parti de cette nouvelle façon de travailler.
Alors, si vous êtes prêts à embrasser l'avenir du travail, à prendre le contrôle de votre emploi du temps et à libérer tout votre potentiel professionnel, préparez-vous à être inspirés ! Le télétravail n'est pas seulement une solution temporaire – c'est une opportunité de repen-

ser fondamentalement la façon dont nous travaillons et de créer un avenir où le travail rime avec liberté, flexibilité et épanouissement personnel.

I

Quelles sont les bonnes pratiques pour piloter le télétravail et l'installer dans la durée ?

1.
Comment assurer un bon management et un leadership efficace à distance ?

Favoriser les qualités humaines : empathie, générosité, bonté, bienveillance, confiance

Il est question ici d'un sujet qui touche de nombreuses organisations à travers le pays : la mutation indispensable des normes de management pour assurer avec succès la transition vers le télétravail. Tant les entreprises en France que les institutions publiques souffrent encore d'une culture de gouvernance trop centralisatrice, verticale, voire autoritaire, qui cohabite mal avec la pratique du télétravail.

Le management du télétravail requiert en réalité un ensemble de qualités humaines essentielles pour assurer le bien-être et la productivité des télétravailleurs notamment l'intégrité, l'empathie, la bienveillance, la compassion et même la générosité.

Tout d'abord, **l'intégrité** est importante pour établir la confiance avec les membres de l'équipe. En agissant de manière honnête et transparente, en respectant les engagements pris et en étant cohérent dans ses actions, un manager inspire le respect et la loyauté de ses collaborateurs.

L'empathie, la compassion et la bienveillance sont également des qualités indispensables. Être attentif aux besoins et aux difficultés des membres de son équipe, faire preuve d'empathie et de compréhension face aux défis rencontrés, contribue à créer un environnement de travail positif et encourageant. Un manager compatissant sait reconnaître les efforts de ses collaborateurs et les soutenir dans les moments difficiles, favorisant ainsi leur épanouissement professionnel et personnel. Cette attitude facilite de plus l'apaisement des tensions et l'émergence de solutions aux problèmes qui sont inévitables.

La générosité est une autre qualité importante dans le management du télétravail. Être généreux de son temps, de ses connaissances et de ses ressources, encourager la collaboration et le partage d'idées, permet de renforcer les liens au sein de l'équipe et de favoriser par là même un esprit d'entraide et de solidarité.

J'insiste à nouveau: **l'empathie joue un rôle clé dans la gestion des équipes à distance**. Comprendre les perspectives et les émotions des membres de son équipe, être capable de se mettre à leur place et de voir les choses de leur point de vue, facilite la communication et la résolution des conflits. Un manager empathique est à l'écoute des besoins individuels de chacun et cherche à trouver des solutions qui tiennent compte de ses préoccupations et de ses aspirations.
Dans notre monde contemporain professionnel, la compétition et l'individualisme cherchent à régner en maître. Pour éviter que le télétravail n'encourage cette évolution dommageable, il est essentiel de reconnaître et de célébrer les valeurs de la bonté et de la bienveillance qui accompagnent un climat de confiance dans les relations professionnelles.

Le travail a ceci de particulier qu'il nous oblige à travailler avec des gens que l'on n'a généralement pas choisis. On peut élire un métier ou une profession, mais il est assez rare de pouvoir sélectionner les personnes avec lesquelles on exerce son activité. De sorte que nos caractères, nos personnalités se frottent, se façonnent et s'enrichissent au contact des autres. Souvent pour le meilleur et quelquefois, hélas, pour le pire. Le travail a donc une fonction d'éveil des consciences à l'altérité humaine. Il y a le travail que l'on exécute, plus ou moins subi et plus ou moins choisi, et il y a les personnes avec lesquelles on mène cette activité. Le management d'aujourd'hui doit s'inspirer des chefs d'équipe qui conduisaient la pose des rails aux USA il y a deux siècles. Un rail de chemin de fer est très lourd et, de plus, lors de sa manipulation, il peut blesser ceux qui le portent, si le rail tombe et se tord, il devient obsolète. Les poseurs de rails avaient une technique éprouvée pour se synchroniser dans leurs efforts, ils sifflaient et chantaient, ils calaient leur rythme collectif sur une coordination vocale. De nos jours, l'animation des personnes en télétravail doit aussi obéir à une douce musique qui ne saurait faire appel à la coercition et au contrôle trop forcené, mais à la confiance et à l'autonomie.

La bonté et la bienveillance servent la confiance, et celle-ci est requise dans le contrôle et l'animation du travail à distance.

Sans doute vous direz-vous que je vous entraine loin du télétravail avec ces constats. Pourtant, j'aimerais vous convaincre du bien-fondé de ces propos, étayés par les découvertes scientifiques contemporaines. La recherche[10] a montré à maintes reprises les nombreux bienfaits de la bonté sur notre santé physique et mentale. En effet, il existe chez l'être humain une prédisposition naturelle à la bonté, celle-ci peut ensuite être développée ou inhibée en fonction de l'environnement social et des choix de l'individu. Les actes de bonté ont été associés à un renforcement du système immunitaire, réduisant ainsi les risques de maladies et contribuant à une meilleure santé globale grâce à la libération d'endorphines et de neurotransmetteurs tels que la sérotonine, qui réduisent le stress, l'anxiété et la dépression.
La sérotonine, un neurotransmetteur naturel, régule l'état d'esprit et permet de contrôler l'anxiété, et est considérée comme une substance qui permet de se sentir bien car elle est une manière

10. Voir les études et expériences passionnantes développées par Félix Warneken et Michael Tomasello de l'institut Max-Planck de Leipzig.

pour le cerveau de se procurer du plaisir. Des études fascinantes[11] réalisées sur le sujet nous indiquent que les personnes qui observent un acte de bonté expérimentent les mêmes sensations que celles qui produisent cet acte de bonté. Leur système immunitaire est même renforcé et elles connaissent une augmentation de leur production de sérotonine[12]. Par ailleurs, une étude a démontré que les auteurs d'acte de bonté ressentent un soulagement de leur tension, de leurs douleurs chroniques, voire une baisse conséquente de leurs problèmes d'insomnie. En outre, la bonté favorise des liens sociaux plus forts et plus profonds, ce qui conduit à des relations plus harmonieuses et satisfaisantes avec les autres.

En bref, lorsque nous faisons preuve de bonté envers les autres, nous créons un cercle vertueux où la bonté engendre davantage de bonté, nourrissant ainsi un sentiment de solidarité et d'empathie au sein de la communauté dans laquelle nous sommes. Dans le contexte actuel du télétravail et de l'ère numérique, un simple geste de bonté peut avoir un

11. Voir le site internet *Nos Pensées*, Eva Maria Rodriguez et Sergio de Dios Gonzalez, 27 décembre 2022.
12. *Idem.*

impact considérable sur un collègue ou un ami qui travaille à distance. Encourager un environnement de travail où la bonté est valorisée et célébrée peut créer une culture d'entraide et de collaboration, même à travers des écrans et des distances physiques. La bonté ne connaît pas de frontières physiques; elle peut transcender les barrières virtuelles pour nourrir un sentiment de connexion authentique entre les membres d'une équipe. Enfin, la bonté est contagieuse. En témoignant ou en recevant un acte de bonté, nous sommes inspirés à perpétuer ce cycle vertueux envers les autres. Imaginez l'impact positif que cela pourrait avoir dans nos environnements professionnels: une culture où chaque membre de l'équipe se sent soutenu, valorisé et encouragé à agir avec bienveillance et compassion. Même à travers les défis du télétravail et de l'ère numérique, n'oublions pas le pouvoir transformateur de la bonté pour éclairer nos journées et renforcer nos communautés. En favorisant un environnement où la bonté est encouragée et célébrée, nous pouvons transformer nos espaces de travail en des lieux où chaque individu se sent véritablement apprécié, soutenu et inspiré à agir avec bienveillance.

Repenser nos modes de gouvernance pour une approche plus participative et horizontale

Pourtant, il faut bien le reconnaître, nous sommes loin du compte dans notre pays où domine une culture très centralisatrice. L'organisation du pouvoir et la culture qui en découle exercent une forte influence sur nos modes de gouvernance professionnels, notamment dans le contexte du télétravail.

La France, malgré les appels à la décentralisation, demeure un pays centralisé jusqu'à la caricature. Le pouvoir est non seulement concentré dans deux arrondissements de Paris, mais également au sein même de l'Élysée. Cette pratique du pouvoir ultraconcentré reflète une République monarchique, héritière directe de l'absolutisme louis-quatorzien. En effet, la République a créé sa propre liturgie du pouvoir, mais certains rites demeurent immuables. Ainsi, la France peut être qualifiée de monarchie républicaine, une société de Cour où l'esprit de caste aristocratique s'est réinventé, notamment à travers les grands corps de l'État. Cette culture nationale entraîne des répercussions significatives sur nos modes de gouvernance professionnelle. En effet, elle favorise une approche hiérarchique et centralisée, peu propice à un management participatif. Les pro-

cessus décisionnels demeurent en ce XXIe siècle, essentiellement pyramidaux. De plus, cette culture de la centralisation et de l'autorité tend à créer des barrières entre les différents niveaux hiérarchiques, rendant difficiles l'échange d'idées et la collaboration horizontale.
Le télétravail, qui repose sur l'autonomie et la confiance, se trouve alors **entravé par une culture de défiance** propice à des dynamiques organisationnelles rigides et verticales. Le centralisme vertical du management est un obstacle majeur au développement du télétravail. En effet, cette approche souvent autoritaire, parfois paternaliste, privilégie le contrôle et la surveillance, au détriment de la confiance et de l'autonomie des salariés. Dans un tel environnement, le télétravail devient difficile à mettre en œuvre, car il remet en question les schémas traditionnels de supervision et de contrôle.

Ainsi, pour favoriser un télétravail efficace, il est essentiel de repenser nos modes de gouvernance professionnels. Il est temps **d'adopter une approche plus participative,** où les décisions sont prises de manière plus collective et où la communication est transparente et ouverte à tous les niveaux de l'organisation. Cela nécessiterait un changement profond dans notre culture nationale, passant d'une monarchie républicaine à une démocratie participative, même au sein des entreprises et des administrations. Dans ce contexte, quid de la Ve République? D'ailleurs, un pays qui élit un homme en misant tout sur celui-ci peut-il se réformer pour favoriser des évolutions pourtant indispensables? Poser la question, c'est y répondre! De plus, ce centralisme étouffe l'innovation et la créativité. En concentrant le pouvoir entre les mains d'une petite élite oligarchique, éduquée dans le même moule c'est-à-dire sans mixité sociale. L'ascenseur social ne fonctionne plus, ce qui constitue un vrai écueil pour le management. Auparavant, les salariés pouvaient entrer par la petite porte et, s'ils démontraient un engagement récurrent, évoluer vers d'autres métiers et vers d'autres fonctions. Désormais, les entreprises se concentrent sur leur cœur de métier, externalisant toutes les activités annexes. La personne entre et reste alors à vie dans les mêmes fonctions sans possibilité d'évolution sociale. La motivation était souvent assurée par l'espérance de promotion, ce levier disparaît pour le management. Dans un contexte de mondialisation, de complexité accrue, favorisons au contraire l'émergence d'une grande diversité.

Favoriser une culture de la confiance et de la responsabilisation : autonomie, collaboration, innovation
Il est temps de rompre avec ce modèle archaïque de gestion et d'adopter une approche plus horizontale et participative pour favoriser l'intelligence collective. Le télétravail offre en cela l'opportunité de repenser nos méthodes de travail et de promouvoir une **culture de confiance et de responsabilisation**. Les entreprises qui réussissent dans ce nouveau paradigme sont celles qui valorisent l'autonomie, la collaboration et l'innovation.

Pour cela, nous devons encourager les managers à adopter une approche plus inclusive et participative. Ils doivent apprendre à déléguer le pouvoir et à faire confiance à leurs collègues, à contrôler leur ego pour s'effacer au profit de leur équipe. Je le réaffirme : un « management plaidoyer » sévit encore beaucoup trop dans les structures professionnelles trop verticales. Ce mode de gouvernance, élitiste, conduit à une imposition des choix stratégiques, de leurs déclinaisons tactiques parfois dans le moindre détail par une petite cohorte qui a le savoir et qui se garde de partager le pouvoir.

Dans un monde qui s'est totalement financiarisé, cette logique tombe du top management en cascade vers un management intermédiaire charnière qui, lui, souffre car il bute souvent sur les réalités sociales et la résistance des humains insuffisamment considérés, ou impliqués dans les boucles du changement. Il suffit de constater le nombre d'épuisements professionnels chez les responsables de ressources humaines censés accompagner ce mouvement.

Considérons les modes de gouvernance plus collectifs que nous trouvons aux Pays-Bas dans les pays scandinaves ou encore en Allemagne. Dans ces pays, il serait inconcevable d'engager des changements organisationnels importants sans en débattre auparavant longuement en amont avec les personnes concernées et leurs représentants (ces derniers d'ailleurs ayant les moyens de véritablement bloquer certaines évolutions)[13].

Il ne s'agit pas ici de défendre la cogestion à l'allemande (qui reste un modèle social singulier de l'histoire de ce pays), mais simplement d'illustrer, à partir d'un autre exemple national, nos insuffisances et de situer comment s'opèrent les compromis sociaux à l'étranger, afin de mettre le doigt sur un des problèmes majeurs de notre économie – à savoir l'absence d'une véritable

13. Je vous invite à écouter la conférence d'Henri Proglio, ancien patron d'EDF (https://www.thinkerview.com/edf-saccage-deliberement-par-leurope-henri-proglio/)

concertation entre les employeurs et les employés au sein des grandes entreprises.

Les employeurs accordent si peu de crédit et de confiance aux représentants du personnel que les points centraux des négociations se décident en dehors d'eux. Ces négociations sont rangées en France au seul rang des consultations. Ces consultations sont en réalité le plus souvent un théâtre d'ombres au sein de ce que l'on nomme l'information, consultation des instances représentatives des personnels. Les décisions sont prises en amont par les dirigeants et ensuite présentées aux représentants du personnel mais dans les faits, ces derniers ont très peu de pouvoir pour infléchir celles-ci, si ce n'est à la marge. De là, d'innombrables tensions, conflits plus ou moins larvés ou résistances plus ou moins souterraines. Cette façon de faire démobilise les salariés. Cette asymétrie dans la décision se retrouve pratiquement dans toutes les strates de la gouvernance et irradie la culture managériale, y compris la problématique du télétravail.

Le télétravail révèle ainsi les lacunes du management traditionnel français, nécessitant une adaptation majeure dans la gestion des ressources humaines.

2.
Comment communiquer au mieux et diffuser les meilleures pratiques pour vos réunions virtuelles ?

Flexibilité : reconnaître et respecter les préférences individuelles en matière de communication

Lors du travail à distance, il est essentiel de clarifier les attentes en termes de résultats attendus et de délais. Chaque membre de l'équipe doit saisir parfaitement ses responsabilités et les objectifs à atteindre. **Utilisez des canaux de communication clairs et accessibles** pour transmettre ces informations, et encouragez chacun à poser des questions s'il a besoin de clarification.

Reconnaître et respecter les préférences individuelles en matière de communication est préférable lors du travail à distance. Certaines personnes peuvent aimer les appels vidéo, tandis que d'autres préfèrent les courriels ou les messages instantanés. La **flexibilité** est requise pour adapter au mieux les méthodes de communication en fonction des besoins et des préférences de chaque membre de l'équipe. Chacun doit se sentir à l'aise et soutenu dans sa manière de communiquer.

Mise en place de systèmes d'accès aux infos à la portée de tous

Mettez en place des systèmes d'accès aux informations facilement accessibles afin que tout le monde dispose des ressources nécessaires pour travailler efficacement à distance. C'est la base même du télétravail ! Utilisez des plateformes en ligne telles que des intranets d'entreprise, des outils de gestion de documents ou des logiciels de partage de fichiers pour centraliser les informations et les documents importants. Assurez-vous que ces outils soient faciles à utiliser et que chacun ait les autorisations nécessaires pour accéder aux informations pertinentes.

Une communication régulière : utilisation des outils en ligne et feedbacks

Maintenez une communication régulière avec chacune des personnes travaillant à distance, particulièrement pour celles qui œuvrent sous cette modalité plus de trois jours par semaine pour les tenir informées des développements de l'entreprise, des projets en cours et des changements de politique. **Planifiez des réunions virtuelles régulières**, des mises à jour par courriel ou des bulletins d'information pour garder tout le monde dans la boucle. Incitez également chacun à poser des questions et à partager ses préoccupations pour maintenir un dialogue ouvert et transparent.

Encouragez l'utilisation d'outils de collaboration en ligne, tels que les visioconférences, les messageries instantanées et les plateformes de partage de fichiers pour faciliter la communication et la collaboration entre les membres de l'équipe. Assurez-vous que les employés soient formés à l'utilisation de ces outils et qu'ils disposent du support nécessaire en cas de problème. Cette question est essentielle, car souvent, les salariés ne sont pas formés à l'usage et n'osent pas le faire savoir.

Encouragez également l'utilisation de fonctionnalités, comme le partage d'écran et les salles de réunion virtuelles pour faciliter la collaboration en temps réel.

Maintenir les réunions en présentiel
En travaillant à distance, il est facile de perdre les interactions informelles qui peuvent renforcer les liens sociaux au sein de l'équipe. C'est là un réel danger car la création de valeur ajoutée dépend de cette intelligence collective nourrie de l'informel et de l'impromptu. Le mieux, en ce sens, est de susciter et **d'organiser régulièrement des rencontres en présentiel afin de permettre aux employés de se retrouver**, mais entre ces retrouvailles, il faut aussi maintenir ces interactions en organisant des sessions de discussion informelle, des cafés virtuels ou des canaux de discussion dédiés aux sujets non professionnels. Cela peut aider à maintenir un sentiment de connexion et de camaraderie malgré la distance physique.
Il est important de reconnaître que demander aux télétravailleurs de venir sur site pour simplement exécuter les mêmes tâches qu'à la maison peut être contre-productif. Cela semble difficile, voire contraignant, surtout dans un environnement de flex office ou d'open space, où les interruptions constantes peuvent perturber la concentration et l'efficacité. Lorsque les employés viennent sur site, cela doit favoriser une réelle connexion avec leurs collègues et compléter les interactions virtuelles par des échanges plus riches et approfon-

dis. Les activités en présentiel doivent donc être conçues pour compenser les lacunes des relations virtuelles et nourrir les liens humains.

Cela devient d'autant plus nécessaire lorsque les employés passent plusieurs jours en télétravail chaque semaine. Dans ces cas-là, les réunions en présentiel doivent être envisagées comme des occasions précieuses pour renforcer les liens sociaux et permettre aux collaborateurs de se retrouver et d'échanger de manière plus authentique.

Pour pallier cette distance qui peut s'installer, des sorties collectives peuvent être prévues, notamment par le biais du Comité Social et Économique (CSE), qui peut organiser des événements conviviaux pour favoriser les rencontres informelles et renforcer le lien social entre les membres de l'équipe.

De l'importance des feedbacks

Il est essentiel de fournir des **retours réguliers et constructifs aux collaborateurs travaillant à distance**, en reconnaissant à la fois leurs contributions et leurs réalisations, mais aussi leurs éventuelles lacunes.

Lors d'une discussion avec la directrice générale d'un groupe de médias, elle exprimait ses préoccupations concernant le télétravail, en particulier chez les jeunes générations. Beaucoup de jeunes collaborateurs avaient du mal à s'adapter au rythme collectif de l'entreprise. Souvent, ils décalaient leurs activités en fin de journée au lieu de les livrer en temps voulu, ce qui perturbait l'ensemble du processus de production et créait des tensions considérables. Ces jeunes ne cherchaient pas à saboter la production, mais en raison de leur manque d'expérience ou de leur récente intégration, ils avaient du mal en télétravail à se synchroniser efficacement dans les chaînes de création de valeur. Ces retards entraînaient des répercussions directes sur la qualité du travail, car il était souvent nécessaire d'œuvrer dans l'urgence pour rattraper les retards. Par exemple, livrer un programme à 18 heures n'est pas la même chose que de le livrer à 22 heures, ce qui compliquait encore davantage la tâche des managers. Il était donc impératif de sensibiliser les collaborateurs, en particulier les plus jeunes, à l'importance de respecter les délais et les horaires, tout en leur fournissant un soutien et des conseils pour les aider à s'intégrer efficacement dans l'équipe et à contribuer de manière positive à la production.

Il convient ainsi de remonter les soucis techniques de connexion pour en trouver la source et les traiter au mieux. **Prenez le temps de reconnaître publiquement les réussites individuelles et collectives** lors des réunions d'équipe virtuelles ou via des canaux de communication internes ou mieux lors des réunions en présentiel. Le feedback positif et la reconnaissance sont essentiels pour maintenir la motivation et l'engagement des télétravailleurs. Ces dispositions en vue d'environnement de travail à distance efficace et collaboratif doivent permettre aux personnes de se sentir soutenues, connectées et engagées dans leur travail bien entendu mais aussi au sein d'un collectif. Ces actions doivent aussi éviter la mise en isolement.

3.
Comment tenir compte des inégalités devant le télétravail ?

Le télétravail met en lumière et accentue les inégalités existantes parmi les travailleurs, aussi bien sur le plan professionnel que personnel. Tout d'abord, une distinction évidente se dessine entre les cadres et les non-cadres : les cadres ont tendance à bénéficier davantage des avantages du télétravail. De même pour ceux qui ont des forfaits jours, leur offrant une plus grande autonomie dans la gestion de leur emploi du temps, ils sont mieux placés pour tirer parti des opportunités offertes par le télétravail.

L'importance de la communication non verbale
En creusant davantage, on découvre d'autres inégalités moins explorées jusqu'à présent. Certains

individus en télétravail ont ainsi plus de facilité à mettre en avant leurs réalisations et à s'exprimer de manière convaincante. Souvent extravertis, ces individus maîtrisent mieux leur expression verbale, ce qui leur donne une assurance plus marquée lors des interactions en ligne ou en personne avec leurs supérieurs hiérarchiques. Cette facilité d'expression peut leur permettre de surmonter plus aisément les obstacles de la communication à distance, où les nuances sont souvent atténuées, voire effacées.

La communication à distance, principalement verbale, tend à négliger les éléments de communication non verbale. La communication, c'est un peu comme un iceberg, on pense souvent que ce sont juste les mots que l'on prononce, mais en réalité, il y a toute une partie immergée qu'on ne voit pas, et qui joue un rôle pivot. Vous avez peut-être entendu parler de cette fameuse étude qui dit que la communication interpersonnelle est à 7 % verbale, 38 % vocale et 55 % corporelle ? C'est une étude de Mehrabian[14], mais attention, ce n'est pas si simple.

En réalité, cette étude a ses limites. Elle s'est

14. Expériences d'Albert Mehrabian, professeur de psychologie à l'Université de Californie. Il a démontré en 1967 que l'essentiel de la communication des humains réside ailleurs que dans l'expression verbale. Lui-même a considéré cependant les limites de ses expériences.

appuyée sur des situations bien spécifiques, comme des enregistrements de mots isolés avec des expressions faciales figées. Et puis, elle n'a été effectuée qu'avec le concours de femmes, et seulement sur des sentiments ou des états d'esprit. Donc, quand on parle de télétravail, où la communication se fait souvent à distance, il faut prendre ces résultats avec des pincettes.
Mais cela ne veut pas dire que le langage non verbal n'a pas d'importance, au contraire. Quand on est en télétravail, c'est encore plus essentiel de bien faire passer ses messages. Alors, comment faire ? Déjà, soyez conscients de votre voix, de votre gestuelle, même derrière un écran.

Adapter sa communication
Et puis, donnez du feedback régulier à vos collègues, même si c'est virtuel. Ça renforce le lien et ça évite les malentendus.
En parlant de malentendus, n'hésitez pas à être clairs dans vos messages écrits, surtout en télétravail où on communique souvent par mail ou tchat. Et si jamais il y a des tensions, essayez d'en parler ouvertement, même à distance. **La communication, ce ne sont pas juste des mots, c'est aussi écouter, comprendre et s'adapter.**

Le non-verbal compte, mais cela dépend du contexte et de la situation. En télétravail, la communication reste essentielle, alors soyez conscients de tous les aspects, verbaux et non verbaux, pour créer des échanges efficaces et harmonieux, même à distance.
Dans cette communication, il faut prendre en compte les implications du télétravail sur les différents caractères, les personnalités introverties et extraverties. Imaginez-vous dans la peau d'un introverti, un individu qui préfère le calme, la réflexion profonde, et la solitude pour exprimer pleinement son potentiel. Pour cette personne, le télétravail n'est pas seulement une option, c'est un véritable havre de paix dans le tumulte du monde professionnel, une oasis de tranquillité où elle peut s'immerger totalement dans ses tâches sans être perturbée par les distractions incessantes de l'environnement de bureau. Fini les interruptions impromptues, les discussions superficielles au café, ou les réunions interminables où elle se sent parfois noyée dans le flot de paroles des extravertis.
Pour ces personnes, le télétravail permet de capitaliser sur leurs forces naturelles. Elles peuvent ainsi exploiter leur capacité innée d'écoute active, en accordant une attention soutenue aux

détails et aux nuances des interactions virtuelles. Plutôt que de monopoliser la parole lors des réunions en ligne, les introvertis sont enclins à écouter attentivement les contributions de leurs collègues, pesant chaque mot avant de formuler une réponse pertinente et réfléchie.

De plus, le télétravail offre aux introvertis la liberté de communiquer de manière écrite, un mode d'expression dans lequel ils excellent souvent. En rédigeant des courriels, des rapports ou des messages sur les plateformes de collaboration en ligne, ils peuvent prendre le temps nécessaire pour articuler leurs idées de manière claire et concise, sans être interrompus ou pressés par le rythme effréné de la communication verbale.

Mais le plus grand avantage du télétravail pour les introvertis, réside dans leur capacité à favoriser un équilibre entre travail et bien-être personnel. Œuvrer depuis chez eux leur permet de gérer leur énergie de manière plus efficace, en prenant des pauses régulières pour se ressourcer et se recentrer. Que ce soit en méditant, en lisant un livre, ou en faisant une simple promenade, ces moments de solitude sont essentiels pour préserver leur équilibre émotionnel et leur santé mentale.

Si les introvertis peuvent mieux supporter l'isolement social induit par le télétravail, les extravertis peuvent, eux, souffrir d'une diminution de leur plaisir au travail et de leur implication. De plus, les personnes timides peuvent rencontrer des difficultés à s'exprimer efficacement lors des réunions virtuelles, où la communication non verbale est limitée, renforçant ainsi leur réserve naturelle et pouvant nuire à leur progression professionnelle.

Se former aux spécificités du travail à distance

La gestion d'équipes à distance représente un défi supplémentaire pour les managers, qui doivent jongler avec des outils technologiques parfois mal maîtrisés et une fatigue accrue due à la communication virtuelle. Cette situation peut favoriser les individus extravertis, dont l'expression fluide spontanée est plus facilement appréhendée, au détriment des contributions plus discrètes mais tout aussi pertinentes des autres membres de l'équipe.

Le télétravail, loin d'uniformiser les modalités d'expression, amplifie les traits de caractère individuels, ce qui peut entraîner des erreurs de jugement et de décision pour les managers. Une **formation adéquate** des managers aux spécificités du travail à distance, ainsi qu'une **prise en compte des besoins et des différences** individuels, sont essentielles pour limiter les risques psychosociaux et favoriser un environnement professionnel équilibré et inclusif.

Anticiper les charges de travail

En ce qui concerne les conditions matérielles, tous les salariés en télétravail ne bénéficient pas des mêmes aménagements. Travailler dans sa cuisine ou son salon, sur une table et une chaise non adaptée, ne met pas sur un pied d'égalité avec ceux qui disposent d'un bureau, d'une terrasse et d'une ergonomie satisfaisante. Les normes de santé et de sécurité dans l'espace domestique diffèrent de celles en entreprise, notamment en termes de surface de travail, de choix d'équipements et de mobiliers adaptés, ainsi que d'aération et d'éclairage adéquats. **L'univers professionnel tend à gommer les différences.** Celles-ci, en revanche, réapparaissent lors du télétravail, ce qui devrait conduire à bien anticiper les charges de travail pour ne pas plonger les salariés dans des difficultés accrues.

4.
Comment répondre aux attentes de ceux qui ne peuvent pas télétravailler ?

Nous abordons ici un sujet sensible : la gestion des attentes des salariés qui ne peuvent pas accéder au télétravail alors que certains de leurs collègues en bénéficient. Gérer dans la durée les frustrations, les sentiments d'inégalité parfois ressentis et justifier des modes de traitement différents n'est pas aisé. Cette situation peut être délicate, car elle semble mettre à mal la justice organisationnelle qui normalement impose de considérer chacun à égalité. Il existe plusieurs approches que les responsables adoptent pour faire face à ces défis.

Expliquer clairement les raisons
Tout d'abord, il est impératif **d'expliquer clairement les raisons pour lesquelles certains postes ou services ne peuvent pas bénéficier du télétravail**. Ces raisons peuvent varier, allant des responsabilités spécifiques du poste à la nature des tâches, en passant par les exigences matérielles ou d'autres facteurs opérationnels.

Valoriser leur travail
Ensuite, il est indispensable de **reconnaître et de valoriser les contributions** des salariés qui ne peuvent pas télétravailler. Cela peut se faire à travers divers moyens tels que des récompenses, une reconnaissance publique ou d'autres formes de valorisation appropriées. Cette reconnaissance contribue à maintenir la motivation et l'engagement.

Explorer d'autres possibilités de compensation
Si le télétravail n'est pas une option, il est possible d'explorer d'autres moyens afin de soutenir l'équilibre travail-vie personnelle des employés, comme des horaires flexibles, des jours de congé supplémentaires ou d'autres avantages compensatoires. Offrir des opportunités de formation et de développement professionnels peut également

être bénéfique. Cela renforce les compétences des employés et augmente leur employabilité, atténuant ainsi les frustrations liées à l'incapacité de télétravailler.

Encourager la collaboration entre télétravailleurs et salariés sur site

Par ailleurs, encourager la collaboration entre les équipes travaillant sur site et celles travaillant à distance est essentiel, favorisant un **sentiment d'appartenance** et réduisant les tensions potentielles liées aux différences de modalités de travail.

Maintenir le dialogue social

Enfin, **maintenir un dialogue ouvert** avec les employés aide à identifier leurs préoccupations et envisager les ajustements nécessaires pour répondre aux besoins changeants de l'organisation. Pour réduire les tensions, il serait intéressant de signer un accord collectif pour garantir à cette population active les fruits de la négociation entre les dirigeants et les représentants du personnel. Cet accord intégrera de manière pragmatique les mesures adaptées en faveur de la santé.

II

Quelles sont les conséquences du télétravail sur votre organisation ?

1.
De l'isolement à la solitude : savoir les identifier

Avec les premiers jours de confinement en mars 2020, certains ont savouré un repos bien mérité mais très vite, un sentiment d'isolement s'est insinué dans l'esprit de nombreux travailleurs. Vous l'avez peut-être vécu, ce sentiment de vide, comme si les liens humains qui tissaient la trame de nos vies s'étaient subitement rompus. Les visages familiers de nos collègues, les conversations informelles autour d'une tasse de café, les sourires échangés dans les couloirs, tout cela a disparu, laissant place à des écrans impersonnels.

Vous avez dit « dé-sociabilisation »?
Le travail demeure une composante essentielle de l'identité des personnes. Sur le plan social, le travail constitue un cordon ombilical avec les autres que l'activité à distance rend plus virtuel. Le travail à distance, qui induit de nouveaux lieux et temps de travail, peut nuire à la construction de la cohésion sociale, et favoriser l'isolement et l'affaiblissement des relations professionnelles, l'appauvrissement des individus, avec la diminution des communications réelles en face à face au profit de communications virtuelles par écran interposé.
L'éloignement du collectif de travail engendre des effets négatifs sur le sentiment d'appartenance et l'égalité des conditions d'emploi et des droits en matière de formation et de promotion : être insuffisamment encadré ou être oublié, ne pas être évalué, ne pas avoir accès aux mêmes informations et opportunités de carrière que ses collègues. De fait, la personne en télétravail se prive souvent d'un accès à des informations importantes, voire stratégiques, ou de moments de réflexion, de formation, de créativité grâce à sa participation au sein d'un collectif. Au sein d'une équipe, nombre d'interrelations informelles nous stimulent. Il est par ailleurs prouvé

que la formation et la transmission de connaissances se réalisent en majorité lors de ce bain collectif bien plus que lors des séances formelles de formation. Dans la vie quotidienne en présentiel, les salariés échangent, se montrent des manières de faire, s'enseignent mutuellement le bel ouvrage, ce, d'autant plus qu'ils ont une réelle maîtrise des outils.

Quand le virtuel amplifie la solitude

Je me souviens d'un échange avec un cadre d'une importante structure de transport, qui était dans une angoisse absolue: il n'avait pas été joint par sa hiérarchie depuis plusieurs jours et commençait à se faire de mauvais films. « Vous comprenez, je suis sur la sellette et il ne faudrait pas grand-chose pour que je perde mon job, j'ai cinquante ans, ce n'est pas le meilleur âge pour retrouver un emploi ». Renseignement pris, ses deux responsables hiérarchiques avaient été hospitalisés pour raison de Covid et personne ne se souciait plus de lui.

Les visioconférences étaient censées combler ce vide, mais elles n'ont fait souvent qu'amplifier notre sentiment d'isolement. À travers ces fenêtres virtuelles, nous pouvions voir nos collègues, mais sans ressentir leur présence comme auparavant. Leur voix résonnait, mais paraissait lointaine, déconnectée de notre réalité tangible. Cette dissonance entre la perception de la présence et l'expérience de la solitude nous épuisait, physiquement et émotionnellement.

La dysrythmie sociale

Pour ceux déjà confrontés à l'anxiété ou à l'angoisse, cette période a été d'autant plus difficile, car elle a accentué leur sentiment d'isolement, les privant de leurs repères sécurisants. Avec le confinement, c'est une véritable dysrythmie sociale qui s'est en effet instaurée. Par dysrythmie, il faut entendre une profonde désynchronisation. **Nous vivons selon des rythmes individuels et nous nous synchronisons à des rythmes sociaux qui s'accélèrent de plus en plus** selon les études du philosophe allemand, Harmut Rosa[15]. Cet arrimage nous accorde routines, habitudes qui sont autant de sécurités psychologiques pour un grand nombre. Le gel de ces habitudes et routines a contribué à un sentiment de renfermement, une grande partie de la population s'est trouvée un peu perdue quand tout s'est arrêté. Cette dysrythmie a été à l'origine de la progres-

15. *Accélération. Une critique sociale du temps,* aux Éditions La Découverte (2010).

sion d'au moins 25 % des dépressions et d'une forte poussée de crises suicidaires.

La solitude à tous les âges

Dans cette nouvelle réalité, les entreprises ont été confrontées à des défis considérables. Elles n'étaient pas préparées à prendre en compte les défis émotionnels auxquels leurs employés étaient confrontés. Il ne s'agissait plus seulement de maintenir la productivité, mais aussi de préserver l'équilibre mental et émotionnel de chacun, face à la pression traumatique de la pandémie et au décompte déchirant des décès et des hospitalisations. Je ne sais si vous êtes dans ce cas, mais les statistiques soulignent cette réalité, avec un nombre croissant de personnes vivant seules au fil des décennies, atteignant près de 11 millions en France.

La solitude n'est pas l'apanage des personnes âgées ayant perdu un conjoint. Les personnes en âge de travailler vivent souvent seules. Ainsi les jeunes adultes, âgés de 20 à 24 ans, semblent être particulièrement touchés, avec environ 22 % d'entre eux vivant seuls. Cette proportion se réduit un peu dans les générations plus âgées à près de 17 % pour les 25/39 ans et 18,3 % pour les 40/64 ans. Cette tendance peut être liée à divers facteurs socio-économiques, notamment la recherche d'indépendance et l'évolution des modes de vie mais il n'en reste pas moins que l'activité professionnelle dans ces conditions revêt sans doute un lien important pour ces personnes pour leur connexion aux autres.

De l'importance des interactions sociales

À l'évidence, le télétravail, souvent considéré comme une solution pratique pour maintenir l'activité professionnelle tout en respectant les mesures de distanciation sociale, n'a pas toujours été bénéfique pour les personnes vivant seules. En effet, il peut être douloureux en contribuant à accroître le sentiment de solitude en limitant les interactions sociales habituelles qui se produisent au travail.

Il est utile de reconnaître l'importance du soutien social et de l'interaction humaine pour le bien-être mental et émotionnel, en particulier pour ceux qui vivent seuls. Des initiatives visant à renforcer les liens sociaux, que ce soit à travers des activités communautaires, des programmes de soutien ou des interventions en ligne, peuvent jouer un rôle essentiel dans l'atténuation de la solitude et du renfermement.

La modernisation du travail ne peut se limiter à des aspects techniques ou organisationnels. Elle doit également inclure des initiatives visant à **promouvoir le soutien social, à renforcer le sentiment d'appartenance et à favoriser des interactions humaines authentiques, même à distance**.

Le télétravail ne doit pas être synonyme d'isolement. Au contraire, il devrait être une opportunité de repenser notre manière de travailler et d'interagir, afin de créer des environnements de travail plus humains, plus connectés et plus enrichissants sur le plan émotionnel.

Pour maintenir des interactions sociales dynamiques dans un environnement de télétravail, il est bon d'encourager les échanges informels entre collègues et de maintenir un sentiment d'appartenance à l'équipe. Cela peut se faire en organisant des réunions virtuelles, des événements d'équipe en ligne, ainsi que des activités sociales régulières.

> Gérer simultanément les activités en présentiel et à distance demeure la voie à privilégier pour maintenir une dynamique d'équipe et favoriser un environnement de travail collaboratif et épanouissant, malgré les défis posés par le télétravail dont l'un qui n'est pas le moindre réside dans le travail compulsif.

1.
Les pièges de la charge mentale : quels sont les risques à identifier ?

L'étude d'avril 2020[16] a montré un fort investissement des salariés et de leurs représentants dans le dispositif de télétravail. En réalité, à l'époque, un tiers des télétravailleurs se sont déclarés exposés à un fort épuisement professionnel, avec une amplitude de travail qui s'étalait souvent de 8 heures à 20 heures. A priori, rien d'étonnant si on se souvient de l'anxiété à ce moment si spécial de notre histoire récente, mais il est important de revenir sur ce sujet. En effet, préciser les diverses causes qui poussent au sur-engagement dans le télétravail permet d'aider à en réduire les risques. Plusieurs facteurs contribuent à ce phénomène.

16. Voir notes 9 et 31.

Le travail compulsif
D'abord, les pressions et motivations personnelles jouent un rôle important. L'anxiété, la peur, le désir de bien faire, ainsi que le goût pour relever les défis professionnels peuvent guider les télétravailleurs dans un marathon quotidien, les poussant souvent à se sur-engager et à tomber dans un travail compulsif. La pandémie a exacerbé le contexte économique, conduisant à un durcissement du management et à des exigences professionnelles plus élevées. Cette sinistrose économique et sociale a altéré les ambiances sociales et renforcé une atmosphère d'incertitude, incitant de nombreux salariés à développer un travail compulsif, souvent du matin jusqu'à tard le soir.
Le télétravail excessif, motivé par la peur de l'éviction ou du licenciement, efface la frontière entre vie professionnelle et vie privée, surtout pour ceux qui n'ont pas de famille à charge.

Quand l'investissement personnel devient nocif
D'autres catégories de personnel, motivées par le goût des défis, se contraignent davantage dans leur vie privée pour répondre aux attentes de leur hiérarchie, espérant ainsi préparer une promotion future. Cependant, cette ambition contraste

avec l'attitude désabusée de certains salariés qui ont du mal à s'adapter aux changements en cours.
Parmi ceux qui s'investissent fortement dans le travail à distance, certains ont un job dit vocationnel, où le sens du travail bien fait prime sur la relation avec l'employeur. Cette activité débridée peut mettre en péril leur santé, mais leur procure un sentiment de satisfaction spirituelle.
En outre, **la peur de perdre son emploi dans un contexte de précarité virtuelle pousse de nombreuses personnes à s'immerger dans le télétravail, parfois encouragées par des managers soupçonneux, entraînant une recrudescence des burnouts numériques.**

Réduction d'effectifs et optimisation de la productivité
Le confinement a également révélé les lacunes en autonomie de certains individus, notamment des cadres et responsables peu à l'aise avec les outils informatiques. La mise à jour de ces carences a donné aux dirigeants l'opportunité de réduire les effectifs et d'optimiser la productivité de l'entreprise, contribuant ainsi à une densification du travail et à une insécurité accrue chez les salariés.
Dans ce contexte, les employés se retrouvent

souvent à devoir prouver la valeur de leur poste et de leurs compétences, développant un durcissement du dialogue social et poussant les travailleurs à consentir des efforts supplémentaires pour répondre aux attentes de leur employeur. Cette démonstration s'est avérée d'autant plus difficile pour eux que certaines inégalités subsistent dans l'accès au télétravail.

2.
Comment gérer votre charge de travail ?

Reconnaître et prévenir les risques de précarisation

Des télétravailleurs ravalés au rang de simples tâcherons ? Oui, le risque est réel. Le travail à « façon » qui se réalise à domicile existe toujours. Mes cousines et mes tantes, dans mes Vosges natales, fabriquaient, il y a peu de temps encore, des chaises à leur domicile. Elles étaient payées à la tâche. À l'aube, chaque lundi, l'usine de meubles du coin déposait chez elles les éléments à travailler : bois, paille de seigle à tresser, chevilles ; elles assemblaient et tissaient les sièges pour remettre leur production le vendredi. Elles étaient payées comme tous les tâcherons à la pièce. Si un siège n'était pas satisfaisant ou bancal, il ne fallait pas compter sur la clémence du donneur d'ordre pour être rémunéré en dépit du temps consacré.

Cette dimension de la « *tâcheronnisation* » de l'activité à laquelle le télétravail participe déjà n'est pas à la périphérie de notre réflexion. Le télétravail, souvent perçu comme une avancée vers une flexibilité accrue et une meilleure conciliation entre vie professionnelle et personnelle, peut néanmoins engendrer des effets pernicieux conduisant à une précarisation des travailleurs. Cette tendance, bien que présente depuis des décennies dans certains secteurs, revêt une nouvelle dimension avec la généralisation du télétravail dans de nombreux domaines, combinée à la montée en puissance de l'externalisation de certaines fonctions considérées comme non essentielles et au recours massif à la sous-traitance, en particulier par l'encouragement à l'autoentrepreneuriat. Bien au-delà des livreurs de pizzas, dans de nombreux secteurs désormais, les individus sont incités à se déclarer en tant qu'autoentrepreneurs. Ils ne sont plus membres à part entière d'un collectif et ne bénéficient donc plus des droits sociaux et de la couverture en matière d'accident du travail et de maladies professionnelles qui s'y attachent. Le lien salarial est transformé en lien commercial que l'on peut rompre à tout moment, en respect du Code du commerce. Le télétravail est, sur ce plan, un vecteur d'amplification de ces évolutions. Il peut même favoriser les fraudes. Ainsi, selon le bilan dressé le 30 mars 2023 par la Direction régionale de l'économie, de l'emploi, du travail et des solidarités Bretagne (DREETS) que l'on connaît plus simplement sous l'appellation « Inspection du travail », l'institution a constaté une croissance et une complexification des fraudes liées à l'ubérisation combinée au télétravail.

En effet, les inspecteurs du travail ne peuvent intervenir que dans des lieux professionnels déclarés comme tels. Ils ne sont pas habilités à rentrer dans les domiciles des gens s'ils sont indépendants ou en télétravail. Le seul moyen de contrôle reste donc de passer par la porte de l'entreprise lorsqu'une partie de ses employés a recours au télétravail. L'inspecteur vérifie alors, si l'employeur est en relation suffisante avec le salarié en télétravail, si les horaires sont correctement respectés, il peut demander à avoir accès aux mails mais si le travailleur n'interpelle pas l'inspection du travail, celle-ci travaille à l'aveugle, elle ne peut pas faire d'interventions spontanées; or ces dernières sont essentielles, dans cet exemple pour la Bretagne, elles représentent 43 % des contrôles de la DREETS. On retrouve cette évolution dans le métier de journaliste, où les pigistes sont incités à se mettre en autoentrepreneur et à abandonner le cadre plus protecteur instauré par la délivrance de la carte de presse. Technologia organise depuis quinze ans un suivi de cette profession et produit une étude tous les trois ans à laquelle participent environ 1 500 journalistes. Cette évolution dénoncée par tous les syndicats est loin d'être marginale. Certaines stations radio ou télévisions recrutent sous le seul statut d'indépendant. L'ensemble du métier se trouve ainsi bousculé dans ses codes et pratiques. C'est inquiétant, car les journalistes, auxiliaires de la liberté de pensée essentielle en démocratie, doivent être indépendants.

Une réglementation appropriée et les moyens de contrôle

En l'absence de cadre réglementaire adéquat ou de conventions collectives adaptées, les télétravailleurs risquent de se retrouver sans filet de sécurité en cas de difficultés.

Dans ce contexte de télétravail, la productivité est souvent mesurée sur la base des résultats concrets fournis par le travailleur. Le travailleur se résume alors à sa production. Cette approche, bien que visant à évaluer l'efficacité, entraîne une pression accrue et constante sur les employés, parfois aussi pour produire davantage en moins de temps en les mettant en concurrence. **À l'instar des tâcherons d'antan**, les télétravailleurs peuvent se retrouver contraints à un effort soutenu pour maintenir des niveaux de rémunération satisfaisants, ce qui peut altérer leur qualité de vie et leur bien-être.

Renforcer le dialogue social

Le télétravail peut également favoriser l'émergence d'une forme de néo-taylorisme, où les décisions stratégiques sont prises par une élite intellectuelle tandis que les travailleurs exécutent simplement les tâches qui leur sont assignées, sans réelle possibilité de participation à la prise de décision. Cette division du travail entraîne une déshumanisation des relations professionnelles et une perte de sens au travail, réduisant ainsi le travailleur à un simple exécutant, à l'instar des tâcherons d'autrefois.

Enfin, le télétravail intensif peut avoir un impact significatif sur la qualité de vie des travailleurs. La frontière entre vie professionnelle et personnelle tend à s'estomper, conduisant à une surcharge de travail et à un épuisement professionnel. Cette situation peut être exacerbée par la pression constante de produire des résultats, sans le soutien ni la reconnaissance adéquats de la part de l'employeur.

Il est essentiel de reconnaître et de prévenir ces risques de précarisation du travailleur. Cela nécessite une réglementation appropriée des moyens de contrôle pour la faire respecter, un dialogue social renforcé et une culture d'entreprise axée sur le bien-être et la reconnaissance du travailleur en tant qu'individu à part entière doté d'une capacité de création.

3.
Comment préserver la créativité ?

La créativité, fondement de l'innovation, est alimentée par une multitude de facteurs parmi lesquels l'environnement de travail joue un rôle premier.

La sérendipité se réfère à la capacité de faire des découvertes ou des réalisations inattendues et bénéfiques à partir d'erreurs, de maladresses tout en cherchant quelque chose d'autre. La découverte de l'Amérique en est certainement le plus fameux exemple. Christophe Colomb cherchait un passage vers l'Inde lorsqu'il est arrivé en Amérique, un continent dont l'existence était inconnue en Europe à l'époque. Plus tard, le Coca-Cola a été créé en 1886 par le pharmacien John Pemberton à Atlanta, en Géorgie. Il tentait de développer un médicament contre les maux de tête et a mélangé par erreur du sirop avec d'autres ingrédients et de l'eau gazeuse, donnant naissance à la boisson emblématique. Plus proche de nous en 1928, Alexander Fleming a découvert la pénicilline lorsqu'il a remarqué que des moisissures avaient contaminé accidentellement une de ses cultures de bactéries. Il a observé que les bactéries autour des moisissures ne se multipliaient pas, ce qui a conduit à la découverte d'un puissant antibiotique, la pénicilline. Spencer Silver, chercheur chez 3 M, tentait de développer un adhésif super fort, mais au lieu de cela, il a créé un adhésif qui se détache facilement. Des années plus tard, son collègue Art Fry a eu l'idée d'utiliser cet adhésif pour créer les célèbres post-it. En 1945, Percy Spencer, un ingénieur chez Raytheon, a remarqué que la barre de chocolat dans sa poche avait fondu alors qu'il travaillait avec un magnétron (un composant des radars) dans un laboratoire. Il a réalisé que les micro-ondes du magnétron étaient responsables de la fusion du chocolat, conduisant ainsi à l'invention du four à micro-ondes.

Ces quelques exemples illustrent comment des erreurs ou des maladresses conduisent à des découvertes fortuites et à des innovations importantes. **La sérendipité survient souvent lorsque des facteurs tels que la curiosité, la créativité et l'ouverture d'esprit se combinent avec des circonstances fortuites ou des erreurs apparentes.** Cela peut se produire dans des environnements de travail traditionnels où les gens interagissent, échangent des idées et sont exposés à de nouvelles informations de manière informelle.

Maintenir les réunions informelles en ligne et sessions brainstorming

Le télétravail, en raison de sa nature organisée et souvent isolée, limite les opportunités de sérendipité. Le télétravail diminue en effet les interactions informelles. En travaillant à distance, les interactions spontanées qui peuvent conduire à des idées novatrices sont réduites. Les discussions informelles à la machine à café ou dans les couloirs peuvent souvent être des sources importantes de sérendipité, mais elles sont moins fréquentes lors du télétravail.

Le télétravail réduit aussi la diversité d'opinions. Les échanges informels avec des collègues de différents départements ou avec des perspectives différentes peuvent favoriser la sérendipité en exposant les individus à de nouvelles idées et points de vue. Le télétravail limite ces interactions et réduit les opportunités de découvertes fortuites. Qui plus est, travailler à distance conduit à une certaine routine et prévisibilité dans la façon dont les tâches sont effectuées, réduisant ainsi les chances de découvertes inattendues.

Pour résumer, bien que le télétravail offre de nombreux avantages, il atrophie les opportunités de sérendipité en limitant les interactions informelles et en favorisant la routine. Pour encourager la sérendipité dans un environnement de télétravail, il est utile **d'adopter des pratiques telles que des réunions informelles en ligne, des sessions de brainstorming virtuelles et la promotion d'une culture d'ouverture et d'échange d'idées**.

Promouvoir une culture d'ouverture et d'échange d'idées

Le télétravail nécessite une réflexion approfondie sur la manière de maintenir un environnement propice à l'innovation et à la découverte, même à distance. Ainsi, certaines entreprises ont repensé leurs stratégies pour maintenir un niveau élevé de créativité dans un environnement de télétravail. Elles favorisent les plateformes de collaboration en ligne et organisent des événements virtuels dédiés à la créativité. Pour pallier cette absence de sérendipité spontanée, certaines entreprises ont adopté des approches innovantes, telles que les « cafés virtuels » ou les outils de jumelage aléatoire des employés pour encourager les interactions informelles et les échanges non planifiés. Ces approches doivent également poursuivre un autre but : maintenir le lien avec les personnels qui ne peuvent pas télétravailler.

4.
Comment gérer efficacement les outils et les technologies au service du télétravail ?

Le télétravail impose d'œuvrer de manière nomade, de chez soi ou encore dans un tiers lieu. L'ordinateur portable, le smartphone sont en cela d'une grande commodité, ils favorisent des utilisations en dehors d'une sphère spatiale trop stricte et étendent les amplitudes temporelles pour mener à bien les activités.
En revanche, cette pratique expose aux risques. Ces derniers sont divers : perte, vol, tentative d'intrusion, intrusion et installation de logiciels espions (*spywares*) ou encore de failles ou de portes d'entrée pour les hackers. Cette exposition à ces risques existe bien sûr en milieu intra-pro-

fessionnel, mais elle est circonscrite. Les univers professionnels sécurisés et cloisonnés assurent une plus forte protection.

Une utilisation strictement professionnelle des outils à disposition

Vous ne devez pas sous-estimer les risques qui ne sont pas limités à la malveillance, ils résultent bien souvent d'un manque de professionnalisme ou d'un relâchement dans la gestion du matériel mis à disposition et, bien sûr, de négligences. Ainsi, il est à noter que souvent, le matériel est utilisé à d'autres fins que celles prévues initialement sur le plan professionnel. De nombreux constats ont été dressés en ce sens lors des confinements de l'année 2020. Faute d'équipement adapté pour la famille, l'ordinateur professionnel était, dans cette période de repli sur la sphère personnelle, emprunté par les enfants sur le plan scolaire ou par le conjoint pour mener à bien diverses actions.

Si vous êtes en télétravail, vous devez vous en tenir à un usage ciblé sur votre mission professionnelle, et cela, de manière stricte et ne pas négliger les règles de prudence pour éviter des conséquences négatives qui pourraient s'avérer très sérieuses pour l'employeur, voire pour vous en tant qu'utilisateur.

Des consignes de sécurité claires

En cela, des consignes de sécurité claires doivent être dispensées par l'employeur pour la préservation du matériel. Ces consignes sont évidentes, mais il est bon de les rappeler régulièrement et d'en informer les personnes qui intègrent l'entreprise :

- Ne jamais conserver de matériel informatique dans un véhicule ;
- Ne pas le laisser en évidence dans un restaurant, un lieu public ou un train, garder les appareils toujours sous contrôle visuel ;
- Ne pas en confier la garde ou la surveillance à des inconnus ;
- Ne pas en confier l'usage à des tiers ;
- Ne pas télécharger des programmes ou visiter des sites non autorisés. Les dispositifs de sécurisation informatiques devraient normalement vous interdire ces excursions dangereuses mais parfois, le système n'est pas à jour et des tentations peuvent survenir.

Par ailleurs, la gestion du parc informatique doit intégrer les mécanismes indispensables en réponse à la survenance d'un risque. En cas de perte ou de vol, un processus de déclaration urgente doit se mettre en place afin de bloquer le cas échéant les accès. Ce procès doit être connu de chacun et être rappelé régulièrement en évitant toutefois la banalisation.

Formation à la vigilance technique
À l'exception des sociétés informatiques et numériques, il est rare que les utilisateurs d'ordinateur possèdent un niveau de technicité qui leur permette de saisir toute la cohérence d'une politique de lutte contre la cybercriminalité. Il n'est pas utile de tenter de les éduquer sur le plan de la théorie technique, mais il convient de leur rappeler des règles précises, voire des recettes à appliquer. La mise en débat d'exemples concrets pour maintenir la vigilance s'avère payante sur le plan pédagogique. La protection, faut-il le préciser, résulte du respect de la règle par toutes et tous.

Le premier point que vous devez vérifier est celui du matériel physique, c'est-à-dire les équipements utilisés pour mener à bien le travail.
Pour assurer en cas de perte ou de vol la protection des contenus, il est indispensable pour les métiers dits sensibles de **chiffrer les données sur les équipements**. De cette manière, en cas de vol ou de tentative d'intrusion, une per-

sonne malintentionnée pourra certes réutiliser ou revendre la machine, mais elle ne pourra pas accéder aux données qu'elle contient. La divulgation de contenus pouvant être préjudiciable pour votre société, pour vos clients ou même pour vous. Aussi, vous pouvez vérifier ce point avec les services informatiques de votre société afin de vous assurer de cette protection et, le cas échéant, vous soustraire à des sanctions si, par malheur, votre ordinateur devait vous être subtilisé ou si vous deviez le perdre. Sur ce plan, une traçabilité de la démarche peut s'avérer utile pour mettre en évidence les risques et les prévenir mais aussi pour situer les responsabilités en cas de survenance.

Séparer les équipements professionnels et personnels : en télétravail, vous devez vous comporter comme sur les espaces professionnels, c'est-à-dire utiliser les équipements pour l'activité pour laquelle vous êtes sous contrat. Cette séparation est de nature à éviter une mauvaise manipulation sur ces outils professionnels qui pourrait laisser passer des virus, des *spywares* ou des portes d'entrée à des hackers.

> Avez-vous pensé de plus à verrouiller vos équipements lorsque vous n'êtes pas en train de les utiliser ? Avez-vous sécurisé le déverrouillage avec un mot de passe compliqué ? Car on ne sait jamais, un voleur qui passe par là et c'est le libre accès à une partie du réseau de données de l'entreprise.

Le second point que vous devez vérifier est celui du matériel numérique et de la **sécurité des réseaux**. Il s'agit pour tout un chacun de bien sécuriser sa connexion internet. Une fois connectées sur le réseau, toutes les personnes ont accès aux équipements. Cela signifie que les équipements personnels et professionnels peuvent être connectés sur le même réseau. Bien évidemment, cela n'est pas une menace directe mais si le réseau est mal sécurisé, une personne malintentionnée pourrait accéder aux équipements professionnels. Si cette personne est réellement expérimentée, elle pourrait même tenter d'espionner l'usage qui est fait des machines et de la connexion pour intercepter des données si celles-ci ne sont pas encryptées.
La prudence impose donc en matière de télétravail le recours à des échanges cryptés : les données échangées sur un réseau, il faut le répéter, se doivent d'être toujours bien cryptées. Dans

le navigateur web, cela revient à vérifier que la connexion est en « https » (petit cadenas vert dans la barre d'adresse). Dans une connexion à un réseau pro comme un VPN, cela se fait par un échange de certificats. Une recommandation de prudence doit être émise : il convient de ne pas échanger de données via des services qui ne supportent pas les échanges cryptés. Le risque serait qu'une personne intercepte des paquets de connexion (sans avoir à être connectée à la même connexion internet) et les analyse.

En bref, **pour vous éviter des problèmes, vous ne devez pas user d'autres services que ceux recommandés par l'entreprise pour les échanges professionnels**[17]. Par exemple, ne pas utiliser de messagerie instantanée non sécurisée ou non recommandée par l'employeur pour échanger des données sensibles avec des collègues. Au-delà du risque d'utiliser un service non crypté (voir ci-dessus), il

17. On peut aussi recommander, pour élever le niveau de maturité numérique, des lectures adaptées, ainsi le roman de Pierre Raufast un hacker-écrivain *Habemus Piratam* chez Alma Éditeur est un petit délice de littérature ; il permet de découvrir, dans la jouissance de la lecture, les méandres autorisés par les outils numériques, les menaces qui pèsent en raison de l'usage de l'informatique.

faut éviter d'éparpiller des données internes sur des services tiers non autorisés (comme WhatsApp, par exemple).

III

Comment maintenir une bonne santé en télétravail ?

1.
Comment optimiser vos conditions de télétravail ?

Le télétravail offre une grande flexibilité, mais il est nécessaire de prendre des mesures pour garantir que cette pratique ne compromette pas votre santé physique et mentale. Voici quelques conseils simples si vous travaillez régulièrement chez vous.

Ergonomie et équipement

Tout d'abord, vous devez dans la mesure du possible aménager **un espace de travail à domicile** en recherchant une ergonomie du poste de travail sur lequel vous allez œuvrer. Délimitez une zone dédiée au travail, ce n'est pas toujours possible de dédier un bureau en permanence mais la création d'un espace réservé exclusivement à votre activité professionnelle devrait, si possible, se trouver assez loin des distractions domestiques. Pour bien travailler, éloignez-vous en particulier des sources de bruit et rangez les objets non liés au travail pour favoriser votre concentration.

Assurez-vous d'avoir une chaise qui soutient votre dos et des meubles adaptés à votre taille pour maintenir une posture correcte pendant les heures de travail. Le positionnement de votre ordinateur et des accessoires est important pour vous éviter des fatigues musculaires, lombaires et cervicales, voire des troubles musculo-squelettiques (TMS). Pour cela, **placez votre écran à la hauteur des yeux, à une distance confortable, et utilisez un clavier et une souris ergonomiques pour éviter toutes tensions musculaires**. Vous pouvez aussi, pour faciliter votre activité, demander à bénéficier d'un second écran. Vérifiez votre éclairage en privilégiant si possible la lumière naturelle. Dans le meilleur des cas, installez votre poste de travail près d'une fenêtre pour bénéficier de cette lumière naturelle. Elle est plus douce pour les yeux et favorise la concentration. Surtout, il convient d'éviter les reflets et les éblouissements ; dans cette finalité, positionnez votre écran de manière à éviter les reflets et utilisez des stores ou des rideaux pour contrôler l'intensité de la lumière.

Gestion du temps
Passons maintenant à la gestion du temps et des horaires de travail. Le plus difficile reste d'instaurer des limites claires entre les deux sphères privée et professionnelle et de s'y tenir. Ne pas mêler vos activités personnelles à votre travail et vice versa, en définissant des limites claires, s'avère parfois difficile.
Respectez les heures de début et de fin de travail comme si vous étiez sur site professionnel. Établissez des horaires réguliers et respectez-les pour maintenir une routine stable et équilibrée.
Vous pouvez aussi de bon matin même en télétravail sortir de chez vous pour une courte promenade. Celle-ci aidera votre organisme à ne pas se désynchroniser en captant parfaitement la lumière naturelle. Une des conséquences du télétravail, il faut le souligner, est la perturbation des rythmes biologiques et endocriniens qui souvent altèrent le sommeil des télétravailleurs.
Surtout, intégrez des pauses régulières : accordez-vous des **pauses courtes au moins toutes les heures** pour reposer vos yeux, détendre vos muscles et régénérer votre capacité d'attention.

Vous pouvez installer une alerte douce sur votre portable qui chaque heure vous incitera à cette pause en privilégiant une profonde respiration et le mouvement si ce n'est une méditation.
Pour éviter le sur-engagement et le burn-out, apprenez à mettre à distance le travail : fixez-vous impérativement des limites de temps de travail et respectez-les pour prévenir l'épuisement professionnel. N'allongez pas vos amplitudes de travail de manière démesurée, apprenez, après des pics d'activité, à vous accorder des phases de récupération physiologique. Écoutez votre corps qui vous donne des signaux.
Un adage dit « *à travailler trop, on travaille mal* ». Ce constat, je l'ai souvent retrouvé dans mes activités d'audit auprès de professionnels en naufrage ou en questionnement existentiel. Des heures et des heures de travail peuvent assécher l'individu, le transformer en clone ou même en zombie. La force de l'être humain réside dans sa singularité, dans sa personnalité, dans sa créativité et donc, dans sa capacité à s'ouvrir à différents mondes et pas simplement celui du travail. Conserver du temps et de l'énergie pour ces autres phases de vie s'avère un excellent investissement.

Formation

Il est important aussi de se former. Le télétravail apparait comme une pratique naturelle allant de soi, les salariés ne cherchent pas à préparer celle-ci. Or, c'est une erreur ! Bien au contraire, informez-vous sur les risques pour la santé liés au télétravail. Soyez conscient des défis potentiels pour votre santé mentale et physique, voire pour votre employabilité et recherchez des solutions adaptées.

Exercice physique

Même si vous n'êtes pas sportif, si vous vous destinez au télétravail, il vous faut intégrer des exercices physiques réguliers dans votre journée. **Prenez des pauses actives pour bouger et étirer votre corps.** Cela vous aidera à maintenir votre forme physique et à évacuer le stress. Essayez dans la mesure du possible de consacrer du temps à une activité sportive que vous aimez. Cela vous stimulera votre énergie. Ensuite, utilisez des techniques de relaxation. Pratiquez la respiration profonde, la méditation ou le yoga pour apaiser votre esprit et réduire le stress. Si besoin, ne renvoyez pas à plus tard l'accès à des ressources de soutien psychologique ou médical. Si vous vous sentez mal, parler à un thérapeute

vous aidera à gérer les émotions et les pressions liées au travail. Vous pouvez demander à être reçu par le médecin du travail.
De même, si votre employeur vous le permet, participez également à des sessions de formation sur l'ergonomie et la gestion du temps. Cela peut vraiment faire une différence en vous sensibilisant aux bonnes pratiques ergonomiques et à la gestion efficace du temps en télétravail.
Ces conseils vous incitent à optimiser votre espace de travail à domicile, gérer votre temps de manière efficace et prendre soin de votre santé physique et mentale. Ils ne sont qu'une injonction et resteront comme tels si votre bien-être n'est pas votre priorité, sinon vous prendrez le temps de vous adapter et d'ajuster votre routine pour trouver un équilibre qui vous convienne et vous apprendrez de plus à gérer les outils électroniques qui peuvent avoir des incidences sur votre cerveau.

De l'usage des écrans
J'attire ici votre attention sur l'impact potentiellement nocif de l'utilisation intensive des téléphones portables, en particulier dans le contexte du télétravail. Les recherches récentes ont mis en lumière plusieurs effets néfastes que vous devez prendre au sérieux.

Rien ne vaut une petite expérience personnelle pour bien saisir les enjeux. Prenez un bac dans lequel vous placez une dizaine de fourmis que vous avez attirées avec un peu de sucre, posez un téléphone portable actif dans le bac et examinez les effets sur les fourmis. Je vous laisse en tirer les conséquences. En bref, il est désormais établi que l'exposition prolongée aux ondes émises par les téléphones portables est associée à un risque accru de cancer à long terme. De plus, pour certaines personnes, l'usage du téléphone portable entraîne des symptômes graves tels que des nausées, des vertiges et des palpitations.

Deuxièmement, le télétravail, bien que pratique, peut également être source de stress chronique et de fatigue récurrente. Les longues heures passées devant les écrans lors de réunions en téléconférence ont parfois un impact négatif sur le bien-être mental et physique. En outre, avec le télétravail, il a été observé de plus en plus une tendance à travailler tard le soir et même la nuit, ce qui peut entraîner des répercussions sur la santé globale et l'équilibre entre vie professionnelle et vie personnelle. Il est donc essentiel d'arrêter des mesures pour réduire l'exposition aux écrans, limiter l'utilisation des téléphones portables en dehors des heures de travail et veiller à prendre régulièrement des pauses pour se reposer et récupérer. Ces mesures chercheront de plus à réduire la sédentarité.

Prévenir l'accident de travail

La règle est claire, les recommandations ergonomiques pour l'installation d'un bureau à domicile doivent répondre aux mêmes normes de santé et de sécurité que dans les locaux d'une entreprise, ce qui implique d'abord un endroit dédié ou une pièce séparée, afin de limiter les conflits possibles entre vie professionnelle et vie privée et pouvoir se concentrer.

Les entreprises doivent donc s'assurer que chaque salarié est équipé convenablement : ordinateur performant, grand écran, clavier et souris ergonomiques, bande passante. Pour assurer une communication fluide entre collaborateurs, il peut être également utile de fournir aux collaborateurs des casques audio et des webcams externes, afin de garantir une meilleure qualité de son et d'image lors des appels téléphoniques et visioconférences.

Il est nécessaire d'évaluer les risques éventuels de l'espace de travail privé du salarié, avec son accord, car l'employeur ne peut pas imposer un contrôle des conditions de travail à son domicile,

en vérifiant les points essentiels de son installation et en remédiant aux défauts constatés. Ainsi, des risques peuvent exister, notamment par l'utilisation d'une installation électrique précaire et/ou provisoire, mauvaise utilisation de multiprises, rallonges, prises défectueuses, etc.
L'employeur doit prévoir des procédures d'appels téléphoniques pour les situations d'urgence, de déclaration des blessures qui peuvent se produire, en réunissant tous les éléments de présomption d'imputabilité de l'accident en télétravail.

Suivi médical obligatoire
Le suivi médical est obligatoire pour les salariés en télétravail avec les mêmes visites périodiques que pour les autres salariés.

2.
Comment prendre en compte les effets de la sédentarité en télétravail ?

La sédentarité, ce sujet grave nous concerne tous. Vous connaissez cette tendance. Elle consiste à rester affalés sur nos chaises. À travailler les yeux rivés sur nos écrans, ou à jouer « aux gros », comme disent les adolescents, c'est-à-dire à demeurer sans bouger pendant des heures pour regarder des séries ou des films à la télévision. La sédentarité, définie comme une faible dépense énergétique résultant d'une activité physique insuffisante, est devenue une problématique majeure de santé publique. Passer de longues heures assis ou allongé, que ce soit devant un écran d'ordinateur ou la télévision, est devenu la norme pour de nombreuses personnes, en particulier celles qui travaillent à domicile.

Dans son livre *Bougeons!*[18], Régis Juanico, expert en politique publique sportive, lance un véritable cri d'alarme: nous sommes de plus en plus sédentaires, au-delà de 7 heures par jour pour beaucoup d'entre nous. Et ce n'est pas sans conséquence. Cela représente 40 % des adultes, avec des risques bien réels pour notre santé.

La sédentarité en France commence dès le plus jeune âge. Imaginez, 55 % de la journée des enfants à l'école primaire est passée assis! Et chez les adolescents de 14 ou 15 ans, c'est carrément 75 % de leur temps. Même les étudiants à l'université y passent 8 heures par jour. C'est tout simplement inconcevable. D'autres modèles existent ou, par exemple, dans les pays anglo-saxons, une plus grande part est faite aux activités sportives pendant toute la semaine pour les enfants, adolescents et étudiants.

L'inactivité physique touche 40 % de la population, ce qui est bien en deçà des recommandations de l'OMS. On parle d'au moins 150 minutes d'activité physique par semaine pour les adultes. Mais seulement 60 % d'entre nous parviennent à

18. *Bougeons! Manifeste pour des modes de vie plus actifs*, Édition de l'Aube. Juillet 2023.

atteindre ces recommandations. C'est un véritable fléau, dont les conséquences sont dramatiques. **La sédentarité augmente le risque de développer de nombreuses maladies graves : diabète de type 2, maladies cardiovasculaires, hypertension artérielle, surpoids, obésité, cancers...** La liste est longue. Mais ce n'est pas tout. La sédentarité affecte aussi notre santé mentale. Elle favorise les troubles du sommeil, les problèmes de digestion, mais aussi les dépressions et l'anxiété. C'est un véritable tsunami sanitaire.

En bref, la **sédentarité tue**. C'est le constat de l'auteur. C'est la quatrième cause de décès prématurés dans le monde après le tabac, l'alcool et une mauvaise alimentation. En France, cela représente 51 000 décès prématurés par an, avec un coût estimé entre un et deux milliards d'euros pour les finances publiques.

Alors, que faire ? Comment réduire cette sédentarité qui nous menace tous ? Les employés de bureau passent en effet en moyenne 75 à 82 % de leur temps de travail assis. C'est énorme ! Et cela entraîne toute une série de problèmes de santé : fatigue oculaire, mal de dos, troubles musculo-squelettiques... Les arrêts de travail et les maladies professionnelles explosent aussi à cause de cela.

Le télétravail n'arrange rien, bien au contraire. Pendant la crise sanitaire, les salariés ont passé en moyenne près de 3 jours et demi par semaine en télétravail. De plus, le nombre de jours de télétravail est élevé, plus notre sédentarité augmente. Moins on se déplace, moins on bouge. C'est simple. Et cela réduit drastiquement notre activité physique quotidienne. En l'absence de déplacements domicile-travail et de pauses actives, les travailleurs ont souvent adopté des comportements sédentaires plus prononcés avec près d'un tiers des salariés qui télétravaillent au moins un jour par semaine.
La sédentarité est un fléau, mais pas une fatalité. Élaborer des stratégies efficaces pour encourager la mobilité et l'activité physique au sein des entreprises est tout à fait possible. Il s'agit d'offrir un cadre incitatif à l'ensemble des salariés en présentiel comme en télétravail. Ces mesures aideront à contrer la sédentarité dans le télétravail car face à ces défis, il est impératif que les entreprises prennent des mesures pour encourager des modes de vie plus actifs parmi leurs employés travaillant à domicile.

Encourager les pauses actives
En entreprise comme en télétravail à domicile, il convient d'encourager souvent des pauses actives pendant la journée de travail, où les employés

sont encouragés à bouger et à faire de l'exercice. Des programmes de santé et de bien-être peuvent être proposés, comprenant des séances d'étirements, des cours de yoga ou des promenades en groupe. On peut programmer son ordinateur ou son smartphone pour bouger toutes les 45 minutes, et faire de l'exercice.

Une culture de la santé en entreprise
Certaines entreprises ont adopté une culture d'entreprise axée sur la santé et le bien-être. Elles organisent régulièrement des événements sportifs, des défis de remise en forme et des séminaires sur la santé mentale et physique. En intégrant la santé et le bien-être dans leur culture d'entreprise, ces entreprises cherchent à favoriser un mode de vie sain parmi leurs employés. Ces programmes sont encouragés parfois par des mutuelles ou des institutions de prévoyance, comme Malakoff Humanis.

Favoriser l'activité physique lors des déplacements
Certaines nations encouragent activement les déplacements domicile-travail et favorisent l'activité physique au sein des entreprises, avec des exemples concrets et des initiatives inspirantes. Dans de nombreux pays, notamment en Europe,

les gouvernements et les entreprises prennent des mesures pour encourager les déplacements domicile-travail à vélo ou à pied. Bien que les grandes transhumances en région parisienne et dans d'autres grandes villes puissent rendre cela difficile, il existe des alternatives comme l'utilisation des transports en commun, suivie d'une marche ou de la montée des escaliers. Par exemple, la RATP a lancé des initiatives encourageant la montée des escaliers à certaines stations, comme celle de la ligne 14 à Pont Cardinet, avec des maximes humoristiques pour encourager cet effort.

Investir dans le design actif

En parallèle, de plus en plus d'entreprises adoptent des politiques visant à rendre leurs environnements de travail propices à l'activité physique. Des aménagements tels que des bureaux à hauteur modulable, des espaces de travail debout et des zones de détente équipées d'équipements de fitness sont de plus en plus courants.

J'ai récemment assisté à l'inauguration de l'immeuble Mazam à Courbevoie. Cette société innove dans le domaine du design actif. Ce concept, déjà répandu en Amérique du Nord, en

Asie et en Europe du Nord, consiste à aménager les espaces publics et les bâtiments professionnels de façon à encourager l'activité physique de manière libre et spontanée pour tous. Cela peut inclure des marquages au sol, des fresques murales, des escaliers décorés, des parcours sportifs et bien d'autres éléments, dans le but de stimuler l'activité physique et de réduire le temps passé en position assise.

L'objectif du design actif va au-delà de la simple lutte contre la sédentarité. Il s'agit de réinventer nos espaces de vie pour les rendre plus propices à l'activité physique et à un mode de vie sain. En nous réappropriant nos espaces publics et professionnels, nous pouvons **encourager chacun à adopter des comportements plus actifs au quotidien, pour notre bien-être collectif et individuel**.

Des compensations financières

Regardons aussi de plus près comment le Canada a réussi à encourager la mobilité et à combattre la sédentarité, afin de tirer des leçons pour des initiatives similaires. Ce pays offre des aides financières substantielles aux PME l'équivalent de 40 000 euros pour favoriser l'activité physique de leurs employés. Ces aides peuvent être utilisées pour l'aménagement d'espaces de travail adaptés à l'exercice, tels que des bureaux réglables en hauteur et des salles de sport sur le lieu de travail. En prenant exemple sur cette approche, notre pays pourrait envisager des mesures similaires, telles que des crédits d'impôt ou des subventions, pour encourager les entreprises à investir dans la santé et le bien-être de leurs employés.

On le comprend, la lutte contre la sédentarité est une urgence d'autant que le télétravail l'encourage fortement, cette approche doit aussi favoriser l'amélioration des conditions de travail. Il est important de créer des environnements de travail ergonomiques à domicile, avec des sièges confortables et des postes de travail ajustables pour réduire la fatigue et les risques de TMS. Des bureaux amovibles permettant d'alterner le travail debout et assis sont une avancée considérable.
Certaines entreprises proposent des formations sur les risques liés à la sédentarité et l'importance de maintenir un mode de vie actif, ainsi que des ressources pour aider les employés à intégrer davantage d'activité physique dans leur quotidien, ce qui les aidera aussi sur le plan psychologique.

3.
Les risques psychologiques du télétravailleur sont-ils bien réels ?

Réguler la charge de travail transmise

Avec le télétravail, l'absence d'intégration à l'entreprise peut être source de mal-être, notamment en raison des risques liés à une disponibilité constante auprès du téléphone ou de l'ordinateur portable, possiblement assortie d'une surveillance à distance des télétravailleurs via une géolocalisation et à une captation des données. Les télétravailleurs peuvent aussi être amenés à travailler au détriment de leur vie privée et de leur temps de repos. Les horaires de travail plus souples peuvent aisément finir par empiéter sur la vie privée.

Dans certaines sociétés, on note la difficulté à maîtriser et réguler la charge de travail transmise.

Un contrôle peut s'établir par l'employeur par le biais du VPN utilisé pour la connexion pour prévenir les trop fortes amplitudes de travail, mais sans garantie de succès car le salarié utilise aussi d'autres moyens pour le travail. L'étude[19] d'avril 2010 sur l'impact du confinement a montré qu'environ **1/3 des salariés étaient en fort sur-engagement par le biais du télétravail[20]**. Cette problématique peut accompagner aussi d'autres tensions relationnelles au sein de la famille.

L'égalité femmes/hommes en matière de télétravail est-elle suffisamment prise en compte?

Les femmes et les hommes sont-ils à égalité devant le télétravail? On pourrait le croire, mais il n'en est rien. Si le télétravail, depuis son avènement, s'est imposé comme une alternative flexible et souvent prisée, offrant aux travailleurs la possibilité de concilier vie professionnelle et personnelle de manière plus harmonieuse, il contribue aussi à renforcer des inégalités préexistantes. En effet, derrière cette apparente égalité d'accès se cachent des disparités de genre significatives, mettant en lumière les défis auxquels les femmes sont confrontées dans l'environne-

19. Voir notes 9 et 31.
20. Voir la Notification de l'Appli Nos droits du mardi 26 mai 2020.

ment professionnel en évolution. Pour mieux comprendre ces enjeux, examinons de près les tendances qui sous-tendent ces disparités.

Tout d'abord, constatons une répartition inégale des postes et des responsabilités. Selon une étude récente de LinkedIn (février 2023), les hommes français sont nettement plus nombreux que les femmes à signaler qu'ils occupent des emplois « hybrides » ou « à distance ». Cette disparité peut être attribuée à plusieurs facteurs interdépendants, à commencer par la répartition inégale des postes à responsabilités entre les sexes. Les hommes occupent souvent des postes de direction ou de gestion qui offrent naturellement plus de flexibilité, y compris la possibilité de télétravailler, tandis que les femmes sont souvent concentrées dans des rôles moins autonomes et plus présentiels. Seuls 40 % des actifs peuvent en effet travailler tout ou partie à distance.

Autre considération à prendre en compte : l'impact des stéréotypes de genre. Les normes sociales influencent les attitudes et les comportements à l'égard du télétravail. Les femmes peuvent être moins enclines à demander du télétravail en raison de craintes liées à leur crédibilité professionnelle ou à des pressions sociales perçues. Une étude du Haut Conseil à l'égalité entre les femmes et les hommes a révélé que seulement 25 % des femmes disposent d'un espace de travail dédié à la maison, contre 39 % des hommes. On l'évoque souvent, mais c'est une dure réalité : **la charge mentale et la conciliation travail-famille ne sont pas identiques entre les femmes et les hommes**. Les femmes sont souvent confrontées à une charge mentale accrue lorsqu'elles télétravaillent, jonglant entre les obligations professionnelles et familiales sans relâche. Selon l'Institut national de la statistique et des études économiques (INSEE), 48 % des femmes vivent avec un ou plusieurs enfants, contre 37 % des hommes, ce qui entraîne des interruptions fréquentes et une difficulté à se concentrer sur le travail.

Il semble de plus que le télétravail pénalise insidieusement la carrière des femmes, plusieurs études ont démontré cette réalité. Le télétravail, souvent présenté comme une réponse aux défis de l'équilibre entre vie professionnelle et personnelle, en réalité, accentue les inégalités de genre au sein du monde professionnel. Cette tendance est soulignée par une étude anglaise récente du

Chartered Management Institute (CMI), qui met en lumière la négligence des managers envers les employés en télétravail. D'après l'institut, qui a sondé 1 300 cadres responsables, les hommes sont bien plus nombreux que les femmes (48 % contre 38 %) à travailler au bureau partiellement ou intégralement et 40 % des managers interrogés ont déclaré avoir déjà observé des opinions ou des comportements suggérant une inégalité de traitement entre ceux qui travaillent en distanciel et ceux en présentiel.

Cette situation crée un cercle vicieux où les femmes se retrouvent, en quelque sorte, piégées: d'un côté, elles sont confrontées à des tâches domestiques et familiales qui les empêchent souvent de se consacrer pleinement à leur travail, et de l'autre, le télétravail les place dans une position où elles risquent d'être moins visibles et moins prises en compte par leurs supérieurs hiérarchiques. Cette invisibilité peut se traduire par un manque d'opportunités de développement professionnel, de réseautage et d'avancement de carrière, voire les exposer à un risque de rupture du contrat de travail plus élevé.

Une étude publiée par Deloitte en 2021 confirme cette éviction putative par le télétravail: 60 % des femmes travaillant en télétravail avaient le

sentiment d'être exclues des réunions tandis que près de la moitié d'entre elles craignaient de ne pas avoir le contact nécessaire avec leurs supérieurs.
En 2012, Technologia a réalisé le même constat lors de son enquête « Vie professionnelle-vie privée ». Le constat pouvait se résumer à la maxime « loin des yeux, loin du cœur ». Les salariés en télétravail plus de 2 jours par semaine étaient moins ancrés dans l'entreprise ; ils y restaient moins longtemps et la quittaient souvent dans les deux ans. Ils s'avéraient moins susceptibles d'accéder à des promotions, à des formations qualifiantes et se trouvaient les premiers à partir en cas de suppression d'emplois. En bref, la proximité permise par la présence permet aux salariés sur site de mieux tirer leur épingle du jeu. L'intérêt des études récentes que nous venons de citer est de montrer que ce phénomène frappe surtout le genre féminin.

Il convient de rester lucide : les interactions en personne, essentielles pour établir des relations professionnelles solides et saisir les opportunités de croissance professionnelle, sont souvent réduites dans un environnement de télétravail. Les femmes peuvent ainsi se sentir exclues des cercles décisionnels, des projets importants, voire des promotions, simplement parce qu'elles ne sont pas physiquement présentes dans les bureaux.

Cette exclusion potentielle est également exacerbée par le manque de visibilité lors des réunions virtuelles, où les femmes peuvent avoir du mal à se faire entendre ou à partager leurs idées. De plus, le sentiment d'isolement ressenti en travaillant à distance peut affecter leur bien-être psychologique et leur motivation au travail.

Donc le télétravail, loin d'être une solution égalitaire, peut aggraver les inégalités de genre en favorisant un environnement où les femmes sont moins visibles, moins prises en compte et moins susceptibles de progresser professionnellement.

Mais attention à ne pas rigidifier le débat et, par excès de zèle, menacer l'essentiel par l'accessoire. Les opportunités et les bénéfices du télétravail pour les femmes demeurent en termes de flexibilité et d'autonomie. Selon une enquête du Centre de recherche pour l'étude et l'observation des conditions de vie (CREDOC), **73 % des femmes considèrent que le télétravail améliore leur équilibre entre vie professionnelle et vie personnelle**. De plus, le télétravail peut offrir aux femmes une plus grande souplesse dans la gestion de leur emploi du temps, ce qui peut contribuer à réduire les contraintes liées aux responsabilités familiales.

La question des violences conjugales
L'étude[21] de mai 2020 a mis en lumière les tensions exacerbées par le télétravail au sein des couples. En effet, le confinement a été une période difficile pour de nombreux foyers, notamment en ce qui concerne la cohabitation prolongée et la gestion des enfants.
De manière alarmante, la Mission interministérielle pour la protection des femmes victimes de violence et la lutte contre la traite des êtres humains (MIPROF) a signalé une nette augmentation des violences conjugales entre la mi-mars et le 10 mai 2020, date du déconfinement. Le numéro d'urgence pour les femmes victimes de violences a enregistré une hausse significative des appels, atteignant un pic en avril 2020 avec près de 30 000 appels pour le mois, soit trois fois plus qu'en février ou mars.
Comme l'a précisé Madame Élisabeth Moiron-Braud, secrétaire de la MIPROF, que le confinement n'a pas rendu les hommes plus violents, mais qu'il a mis en lumière une violence

21. Voir notes 9 et 31.

conjugale préexistante. De nombreuses femmes ont appelé de manière préventive par peur de se retrouver enfermées avec un conjoint violent.
Outre les tensions au sein des couples, le télétravail engendre également des difficultés liées au voisinage, autrefois source de convivialité, devenant parfois une source d'irritation supplémentaire quand le bruit des autres, par exemple, gêne le travail et perturbe grandement la concentration.

Aussi est-il clair que les qualités d'écoute, d'empathie, voire de compassion (voir plus haut) sont indispensables pour les managers afin de prendre en compte les souffrances qui peuvent ne pas être apparentes au premier abord.
Créer un environnement de travail à distance équitable et inclusif, tout en veillant à la santé et au bien-être de tous les travailleurs concernés, est plus complexe qu'il n'y paraît à première vue. Il est essentiel de reconnaître que les inégalités persistent entre les femmes et les hommes, et qu'elles doivent être prises en compte dans toute stratégie de gestion du télétravail.

Favoriser l'égalité d'accès et le traitement afin de surmonter ces disparités et exploiter pleinement le potentiel du télétravail pour les femmes à cet effet, il est impératif de mettre en œuvre des politiques et des pratiques inclusives qui reconnaissent et répondent à ces besoins spécifiques. Cela peut inclure la promotion d'une culture du travail plus flexible et équilibrée, la sensibilisation aux stéréotypes de genre dans le milieu professionnel et la mise en place de programmes de soutien à la conciliation travail-famille. Pour réellement favoriser l'égalité des chances, les employeurs devraient prendre conscience de cette dérive et corriger celle-ci en appliquant des mesures concrètes pour garantir que le télétravail ne devienne pas un obstacle supplémentaire sur le chemin des femmes vers l'avancement professionnel. Cela nécessite une réflexion approfondie sur les politiques de gestion du télétravail, ainsi que sur la culture organisationnelle et managériale, afin de créer un environnement inclusif où toutes les voix sont entendues et toutes les contributions valorisées, quel que soit le lieu de travail. Les représentants du personnel devront intégrer cette problématique dans les négociations des mesures pour tenter de compenser les frustrations de ceux qui ne peuvent pas accéder au télétravail.

IV

Pour un télétravail responsable

1.
La mise en place de la semaine de 4 jours est-elle une réponse au télétravail ?

La pandémie et les différents confinements, comme nous l'avons vu, ont favorisé la mise en orbite du télétravail. Ce dernier est désormais vécu comme un acquis par les salariés comme pour leurs représentants syndicaux et élus au sein des Comités sociaux et économiques (CSE).

En revanche, les directions de ressources humaines, après la confirmation du maintien de ce dispositif dans la durée, ont eu à gérer les frustrations apparues chez les autres salariés qui ne pouvaient pas y accéder en raison de leur métier ou de leur fonction. Le désengagement des salariés en présentiel par manque de motivation s'est installé peu à peu avec un mécontentement sourd mais bien réel. Gérer une équipe de salariés avec des rythmes différents n'a rien d'évident, ce, d'autant que les cadres ont été les premiers à bénéficier de ces jours de télétravail. C'est ainsi que la semaine de 4 jours a creusé son sillon. Historiquement, le secteur industriel a souvent, pour des raisons de régulation de ses flux de production, procédé à l'abaissement du nombre de jours travaillés par les salariés dans la semaine. Cette flexibilité, par la réduction du temps de travail, permettait de garder le personnel qualifié sans mettre à l'arrêt les usines qui pouvaient repartir plein pot dès que les commandes reprenaient à bon rythme. Des semaines raccourcies à trois jours, avec une partie en chômage technique, n'étaient pas rares. L'industrie a donc été aux premières loges par ses expérimentations pour innover socialement afin d'établir ou plutôt de rétablir l'équité de traitement au sein des équipes de salariés.

Les 35 heures en 4 jours aboutissent à la suppression annuelle d'une bonne vingtaine de jours de travail (22 exactement). Les salariés n'ont pas vocation à réduire leur rémunération et l'employeur n'a pas vocation non plus à réduire sa

production, sa productivité et sa valeur ajoutée. Le compromis social réside donc en général dans le maintien de la production avec un allongement de la durée du travail à 9 heures par jour sur trois jours complété par une journée de 8 heures. Cette organisation peut parfois ne pas être supportable dans la durée pour les métiers difficiles et/ou éprouvants sur le plan physiologique. Certaines entreprises ont tenté l'expérience et sont revenues en arrière, car les heures marginales de travail pour les métiers pénibles sont difficilement supportables et la productivité de ces heures marginales est plus faible. Elles usent les organismes, provoquent des troubles musculo-squelettiques (TMS) et rendent insupportables certains postes devenus trop exposés pour des salariés appelés à travailler plus longtemps en raison du report de l'âge de la retraite. Par ailleurs, dans ces secteurs hautement concurrentiels et ouverts sur l'international, les marges autorisent peu souvent une perte de productivité.
Parfois, en revanche, la semaine de 4 jours constitue pour l'employeur un avantage compétitif notamment, le cas dans les métiers de la maintenance où il faut réparer et entretenir au plus vite pour libérer des engins, des machines complexes, par exemple, un réacteur d'avion dont l'immobi-

lisation s'avère très coûteuse. L'allongement de la journée de travail est alors judicieux car il offre une plus grande flexibilité pour la gestion de ces défis en maintenance.

Néanmoins, d'autres avantages sont susceptibles de conforter ce compromis social en train de se trouver entre les employeurs du public comme du privé et les salariés.
Un des **avantages** considérables de la semaine de 4 jours réside dans l'équilibre vie professionnelle-vie personnelle. Les salariés et leurs représentants considèrent que la semaine de 4 jours les rend plus efficaces sur ces journées travaillées. **Ils plébiscitent une amélioration des ambiances de travail.** Et, de ce fait, dans certaines expérimentations, le passage à 4 jours n'a pas altéré la productivité. **L'engagement et la disponibilité des salariés se sont même renforcés.** Sans doute, faudra-t-il attendre quelques années encore pour établir un bilan de ces bienfaits, mais il semble que la mobilisation des énergies soit plus réactive car les personnels, moins fatigués. Sur le plan physiologique, ils récupèrent plus aisément sur 3 jours et cette fatigue souvent chronique qui s'éloigne est susceptible de jouer pour limiter l'absentéisme et le turn-over au sein de l'entre-

prise. Tout en sachant aussi que la libération d'un jour supplémentaire peut conduire certains personnels à occuper un second travail pour améliorer leurs ressources. Dans cette hypothèse, les bénéfices physiologiques disparaissent.
Autre avantage compétitif pour l'employeur: l'accroissement de l'attractivité des postes offerts en recrutement. Cet aménagement du temps de travail à l'identique que le télétravail est ressenti comme un avantage considérable par les candidats à l'embauche. Cet avantage octroyé aide à conserver les talents. Dans les métiers en tension ou dans ceux avec des compétences critiques, voire stratégiques que l'on trouve avec difficulté sur le marché du travail, c'est un bonus considérable dans la guerre des talents qui s'est renforcée avec l'amélioration du marché du travail.
Parfois, il peut être intéressant de passer à 4 jours pour limiter les allées et venues professionnelles coûteuses en fatigue mais aussi en carburant, en usure du véhicule, et à l'évidence génératrices de pollution, de gaz à effet de serre, de poussières de pneus, d'usure prématurée des structures routières. Un salarié qui travaille 5 jours par semaine et qui vit à 30 km en moyenne de son lieu de travail économise 60 km par semaine. Ce qui

n'est pas rien sur le plan des économies réalisées et du temps épargné.
Certaines enseignes de la grande distribution, comme Lidl, ont décidé de faire de la semaine de 4 jours un atout de leur politique de ressources humaines. En effet, les salariés de la grande distribution ne peuvent pas pratiquer le télétravail. Mais restons lucides : la grande distribution a aussi un avantage à cet allongement des journées. En faveur des clients, des services continus de 8 heures 30 à 21 heures se sont mis en place ces dernières années dans ces lieux de consumérisme débridé. Ces organisations extensives sont plus facilement atteignables et soutenables avec une journée de neuf heures ou presque. Les gains en agilité et en flexibilité générés favorisent ces amplitudes de travail, particulièrement en horaires de travail le soir et le week-end. Dans un contexte où sévit une réelle pénurie de main-d'œuvre chez les techniciens mais également dans les populations en magasin, c'est une avancée sociale avec un bon retour sur investissement. Éviter les tensions entre travailleurs en présentiel et à distance favorise aussi le maintien d'une bonne intelligence collective.

2.
Comment gérer le télétravail pour éviter qu'il ne soit un facteur défavorable à l'intelligence collective ?

L'intelligence collective se manifeste quotidiennement dans la nature, offrant des spectacles enchanteurs tels que le vol sophistiqué des abeilles, guidant leurs congénères vers les sources de pollen, ou encore les migrations majestueuses des oiseaux en formation V dans le ciel. Depuis notre enfance, ces merveilles nous rappellent l'effacement de l'individu au profit du groupe, où les êtres vivants combinent leurs énergies pour assurer leur pitance, leur sécurité et leur survie.

L'être humain, en tant qu'animal, ne fait pas exception à cette règle. Depuis l'émergence de

Homo sapiens en Afrique il y a 300 000 ans, le développement de notre intelligence collective a été primordial pour notre survie, en favorisant une coopération efficace basée sur la compréhension de notre environnement et une action collective. Les anthropologues situent l'apparition d'une véritable civilisation humaine au moment où des individus ont commencé à soigner et protéger leurs semblables, permettant ainsi à ceux blessés de se remettre et de survivre.

Dans notre monde contemporain, l'histoire des sciences et des techniques témoigne de l'importance de l'intelligence collective. Des milliers de contributions sont nécessaires pour réaliser des avancées significatives, comme l'alunissage d'Apollo sur la lune, qui a mobilisé des hommes et des femmes aux talents divers. Le film *Les Figures de l'ombre* a d'ailleurs mis en lumière la contribution essentielle de mathématiciennes noires dans ce succès, soulignant ainsi l'importance de la diversité dans l'intelligence collective. Cependant, dans le monde du travail contemporain dominé par la course à la performance individuelle, l'intelligence collective naturelle semble parfois étouffée. Certaines entreprises sont perçues comme des entités aveugles, manipulées par

la hiérarchie ou les réseaux digitaux, reléguant les employés au rang d'exécutants soumis. Des dirigeants vont jusqu'à glorifier les modèles dictatoriaux, niant ainsi la valeur de l'approche participative qui mobilise l'intelligence collective des individus au travail.
Il est notable de reconnaître que le collectif est au cœur de toutes les intelligences. L'intelligence collective se définit par la capacité d'un groupe à harmoniser les compétences, les réflexions et les créativités individuelles pour atteindre un objectif commun. Ce travail collaboratif non seulement favorise la motivation, mais aussi renforce les connaissances, la résilience et la pérennité de la communauté.

Le chercheur Émile Servan-Schreiber nous éclaire[22] sur la dette que nous avons envers Francis Galton, un statisticien passionné, également parent de Darwin. Malheureusement, Galton s'est aventuré dans la promotion regrettable de l'eugénisme, mais son héritage en matière d'intelligence collective reste indéniable.
Lors d'une foire agricole, Galton fut témoin d'une scène intrigante: les gens pariaient

22. Voir *Supercollectif*: la nouvelle puissance de nos intelligences, d'Émile Servan-Schreiber, publié chez Fayard (2018).

quelques menues monnaies pour deviner le poids exact d'un bœuf. Intrigué, voulant démontrer l'ignorance supposée de la foule, Galton récupéra les 787 bouts de papier sur lesquels les participants avaient inscrit leur estimation. Cependant, il fut stupéfait par la précision des résultats. En effet, malgré l'absence d'experts en viande parmi les parieurs, la moyenne des estimations s'avéra incroyablement proche du poids réel de l'animal.

Cet épisode révéla la pertinence de l'action des grands nombres et la sagesse collective. **Les biais individuels et les erreurs se neutralisent au sein d'un groupe, aboutissant à une vérité collective bien plus fiable.** Les calculs d'Émile Servan-Schreiber, effectués par groupes de deux, de six, et ainsi de suite, ont confirmé cette observation : plus le nombre de participants augmentait, plus la précision des résultats s'affinait.

Chacun de nous participe à ce processus au quotidien, nos réponses variant selon notre état d'esprit, notre entourage, ou même l'heure de la journée. **Pour favoriser une véritable intelligence collective, il est essentiel de respecter des règles précises et d'encourager l'expression sincère.** Par exemple, en milieu professionnel,

demander à des vendeurs leurs prévisions de ventes peut entraîner une sous-estimation, motivée par leur intérêt à les dépasser.
Il est impératif de réfléchir à ces biais de raisonnement collectif pour favoriser une intelligence collective authentique. De plus, la qualité des relations entre les membres du groupe joue un rôle déterminant. Une étude menée par des chercheurs du MIT en 2010 a montré que le quotient intellectuel collectif d'un groupe dépend davantage de la qualité de ses interactions et de sa coopération que de la somme des intelligences individuelles.
À l'instar d'une équipe de football, l'addition des talents ne garantit pas la supériorité, mais la diversité des perspectives, la présence significative de femmes et une communication efficace contribuent grandement à l'émergence d'une intelligence collective robuste.

Les 5 dimensions de l'intelligence collective

La réussite dans le monde professionnel repose sur 5 grandes dimensions de l'intelligence collective, chacune jouant un rôle clé dans le développement et la prospérité des équipes et des organisations.
1. Créativité : La créativité est le moteur de l'innovation, une compétence inestimable dans

un monde en constante évolution. Elle émane de la capacité humaine à trouver des solutions originales et à repousser les limites de la pensée conventionnelle. L'interaction au sein d'un groupe peut catalyser cette créativité, permettant l'émergence d'idées novatrices et de solutions inattendues.

2. Collaboration: Aucune grande réussite ne peut être attribuée à un seul individu. La collaboration est essentielle pour faire progresser les projets et atteindre des objectifs communs. En travaillant ensemble, les membres d'une équipe peuvent combiner leurs forces, partager leurs perspectives et élaborer des solutions créatives qui dépassent les capacités individuelles.

3. Compassion et empathie: La solidarité et l'empathie sont au cœur des relations humaines au sein d'un groupe. Elles nécessitent une véritable écoute et une compréhension des émotions des autres. En adoptant une perspective empathique, les membres d'une équipe peuvent renforcer les liens interpersonnels, favoriser un environnement de travail positif et encourager la coopération.

4. Esprit critique: L'ouverture à la diversité des perspectives et la capacité à remettre en question ses propres opinions sont des éléments clés de l'intelligence collective. Loin des structures hiérarchiques rigides, une culture qui encourage le débat constructif et le questionnement des idées préconçues favorise la prise de décision éclairée et la résolution efficace des problèmes.

5. Communication : La communication efficace est essentielle pour partager des informations, établir des relations de confiance et promouvoir la transparence au sein d'une organisation. En favorisant une communication ouverte et honnête, les dirigeants peuvent instaurer un climat de confiance où chaque membre de l'équipe se sent écouté et valorisé.

Cultiver l'intelligence collective dans un environnement professionnel exige un engagement envers ces cinq dimensions. En favorisant la créativité, la collaboration, la compassion, l'esprit critique et la communication ouverte, les équipes peuvent surmonter les défis avec agilité, innover de manière significative et créer un impact durable dans leur domaine et évitant de plus la perte de liens sociaux.

Conclusion

Le télétravail s'est révélé être bien plus qu'une simple réponse de secours face à la pandémie de Covid-19. Cette pratique essentielle est plébiscitée par les salariés pour assurer une création de valeur ajoutée tout en préservant leur santé et leur bien-être. L'un des principaux avantages du télétravail est sa capacité à offrir aux travailleurs une meilleure conciliation entre vie professionnelle et vie personnelle. En éliminant les déplacements domicile-travail, il permet d'économiser du temps et de l'énergie, tout en offrant une plus grande souplesse dans l'organisation du travail. Les travailleurs peuvent ainsi mieux gérer leurs obligations familiales et personnelles, ce qui se traduit par une meilleure qualité de vie globale.

Malgré ses avantages indéniables, le télétravail ne peut cependant être la solution unique pour tous les travailleurs et toutes les entreprises. Il est essentiel de reconnaître que certaines tâches nécessitent une présence physique sur le lieu de travail, tandis que d'autres peuvent être effectuées à distance. C'est pourquoi il est important de trouver un juste équilibre entre travail à distance et travail en présentiel, en fonction des besoins spécifiques de chaque individu et de chaque entreprise.
Dans cette optique, les employeurs ont élaboré des politiques de travail flexibles et équitables, prenant en compte les préoccupations des travailleurs en matière de santé et de sécurité. La réussite dans cette voie suppose d'associer sur long terme, dans une concertation approfondie, les représentants du personnel, les organisations syndicales ainsi que les services de santé au travail, tout en veillant à maintenir un niveau élevé de productivité et d'engagement.
Certes, la transition initiée de manière accélérée en 2020 n'a pas été exempte de défis, mais elle a ouvert la voie à une nouvelle façon de concevoir le travail, plus flexible et plus adaptée aux réalités du monde moderne. Soyons honnêtes et reconnaissons dès à présent que ceux qui

prônent aujourd'hui un retour au bureau à temps complet (RAB) se trompent. La stratégie des employeurs aux USA, mais aussi en partie en France, qui considèrent qu'il est temps de siffler la fin du télétravail, ne tient pas en compte l'immense attachement des salariés pour cette modalité de travail, qu'il sera dur de leur retirer. Dernièrement, un magazine[23] rendait compte de la démission aux États-Unis d'une femme cadre qui gagnait 100 000 dollars annuels. Elle ne voulait pas revenir au bureau à temps plein. Les exemples de cet attachement sont multiples, car le télétravail offre de nombreux avantages financiers et fiscaux.

Ayant travaillé toute mon existence professionnelle sur les incidences des nouvelles technologies, je sais d'expérience que l'on ne reviendra pas en arrière sur ces avantages concédés par ces outils si efficients, d'autant plus qu'ils ont favorisé l'inclusion et l'accessibilité pour d'autres publics. Le télétravail a ainsi offert une opportunité précieuse aux personnes en situation de handicap, aux parents d'enfants en bas âge, aux aidants familiaux et bien d'autres encore, de participer pleinement à la vie professionnelle. En éliminant

23. Voir magazine *Capital*, 5 avril 2024.

les barrières géographiques et en offrant des horaires plus flexibles, le télétravail a autorisé un plus grand nombre de personnes à trouver un emploi qui correspond à leurs besoins, à leurs capacités, mais aussi à leurs contraintes qui les tenaient parfois à la marge du monde du travail. Le taux d'activité des 15 à 64 ans a ainsi grimpé à 73,6 %, soit son plus haut niveau depuis que l'INSEE le mesure selon la définition du BIT en 1975. Le télétravail a aussi joué sur cette évolution positive.

En outre, faut-il le souligner, le télétravail contribue, ce qui n'est pas un mince avantage, à réduire substantiellement l'empreinte carbone en limitant les déplacements domicile-travail et en favorisant une utilisation plus efficace des ressources. En diminuant les émissions de gaz à effet de serre, il participe à la lutte contre le changement climatique et à la préservation de l'environnement. Nous reviendrons prochainement sur ces derniers aspects essentiels aux communautés de travail, mais aussi au maintien des équilibres fondamentaux avec notre mère Nature.

Remerciements

À mes collègues, Valentine, Thomas, Alban, Jacqueline pour leurs conseils avisés et leur soutien indéfectible.
À mes éditrices Anne et Anne-Véronique qui ont cru en ce projet et m'ont aidé à le réaliser pour partager mes réflexions et mes expériences de terrain.

La collection
Ressources Humaines
dirigée par
Anne-Véronique Herter

Que l'on soit manager ou pas, dès lors que l'on travaille dans une entreprise, chacun doit apprendre à trouver sa place dans une équipe, et à se positionner sereinement dans son parcours professionnel.
À destination du grand public, dans un langage simple et concret, la collection Ressources Humaines a pour ambition de traiter tous les sujets en lien avec les problématiques RH actuelles.
Pour toujours placer l'humain au cœur du collectif,
Pour mieux travailler ensemble, sans oublier de penser à soi.